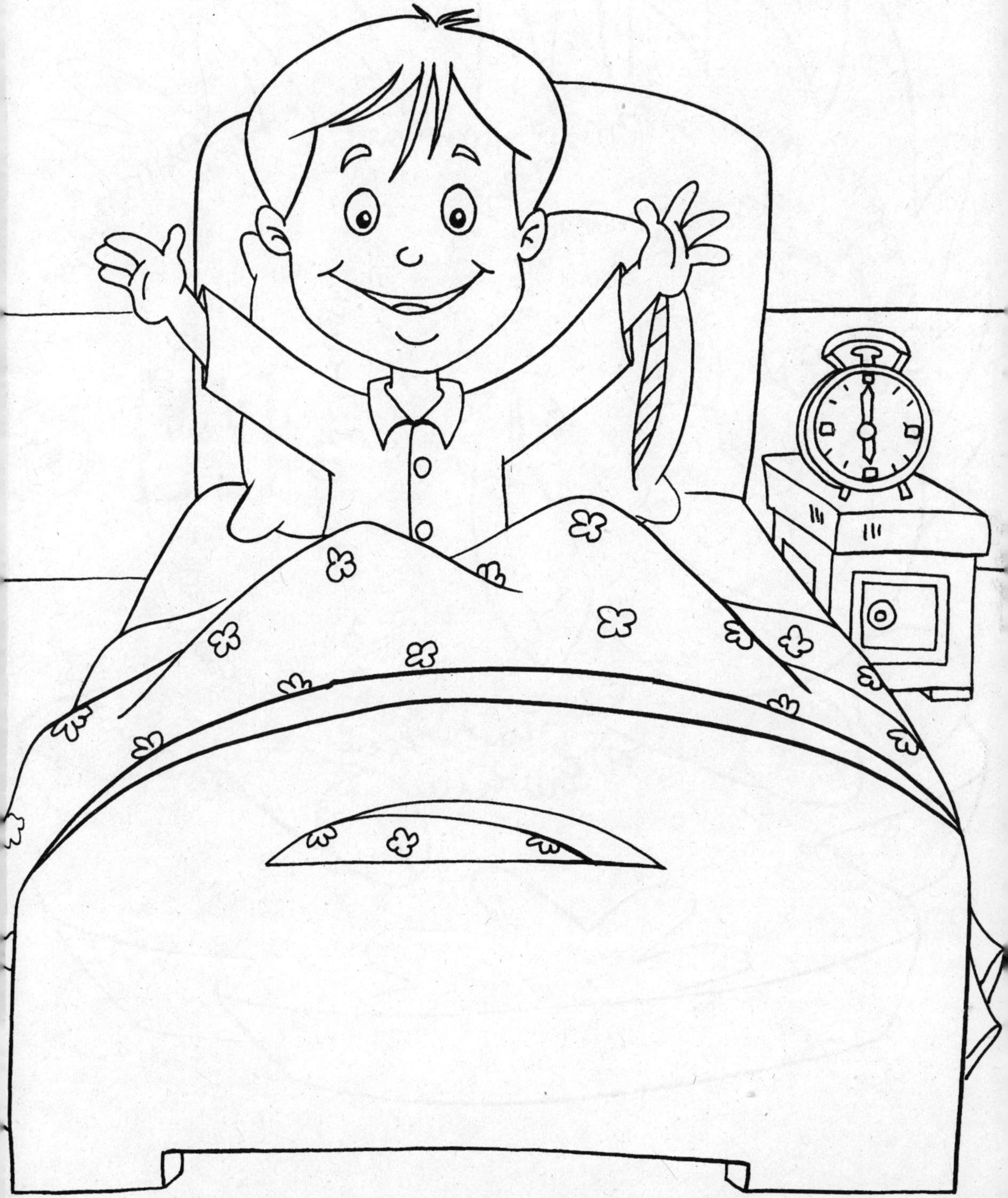

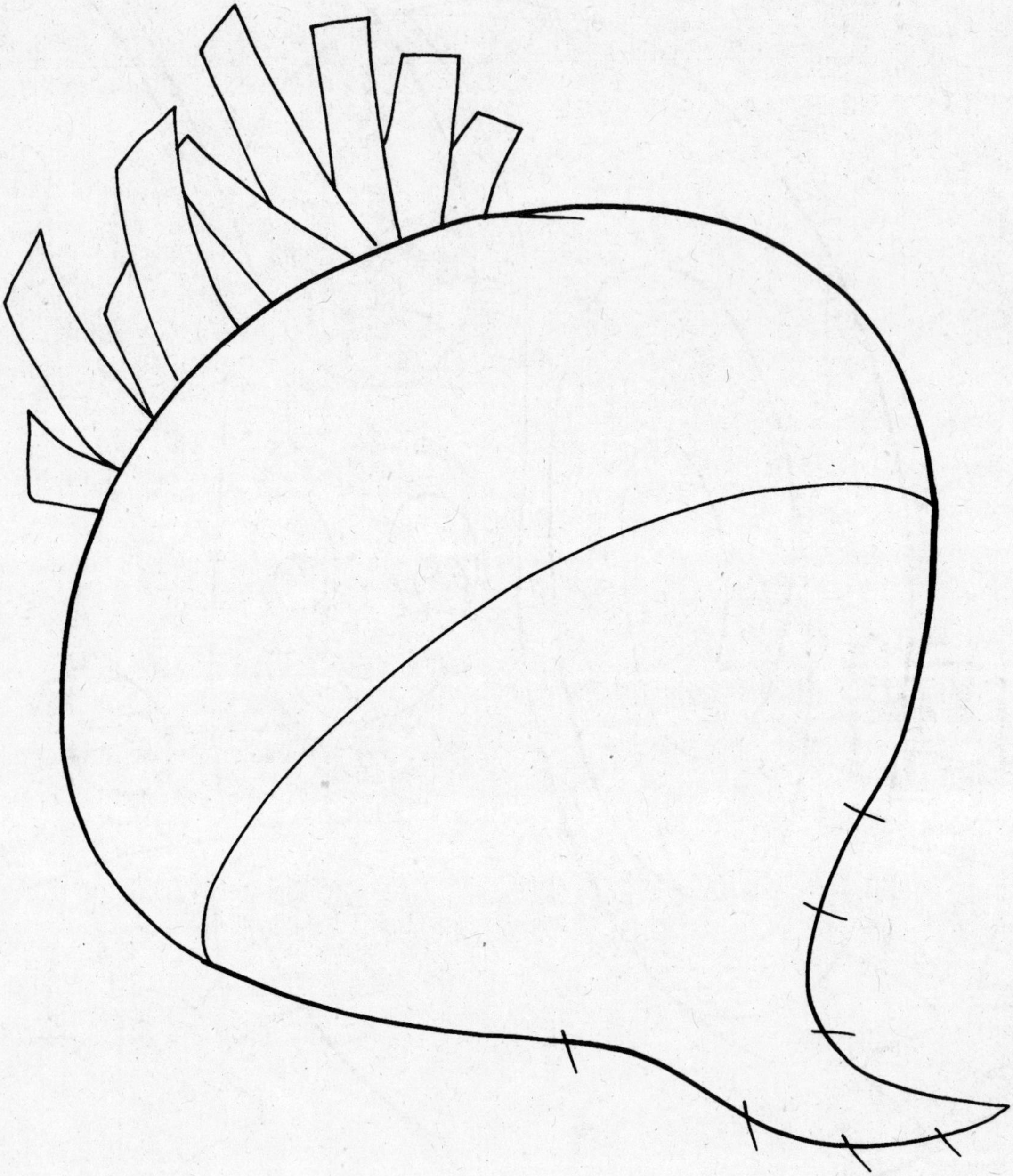

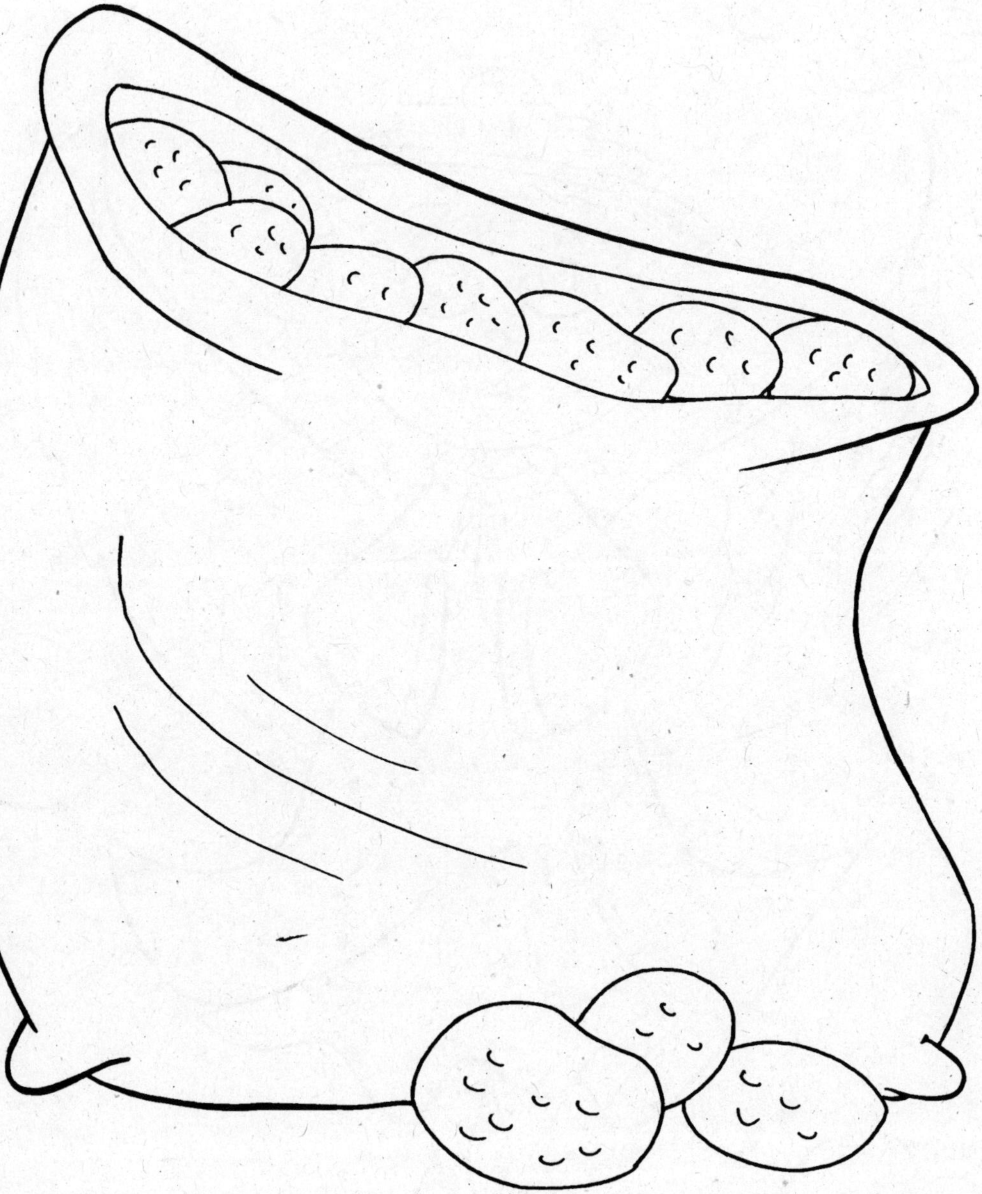

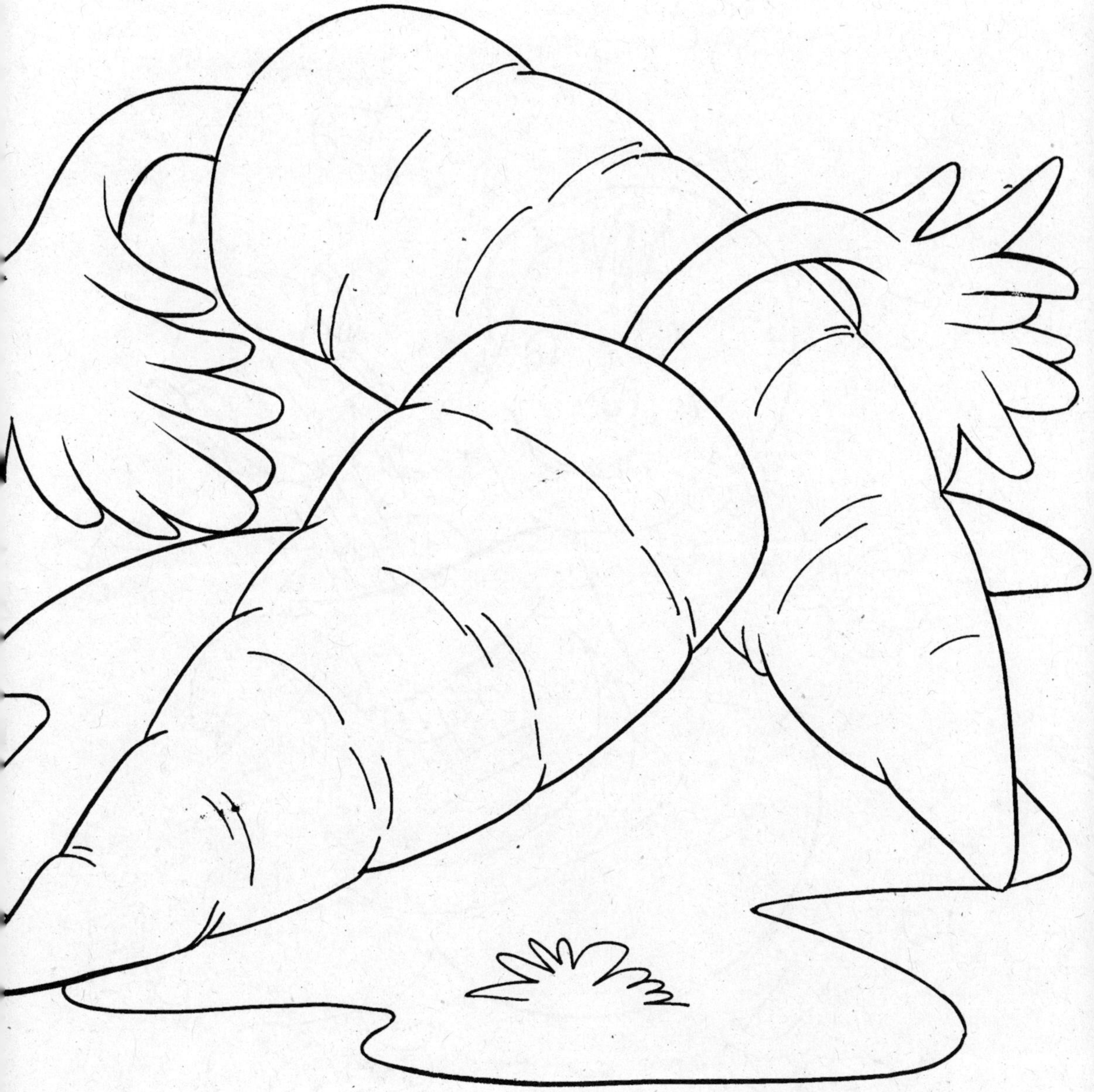

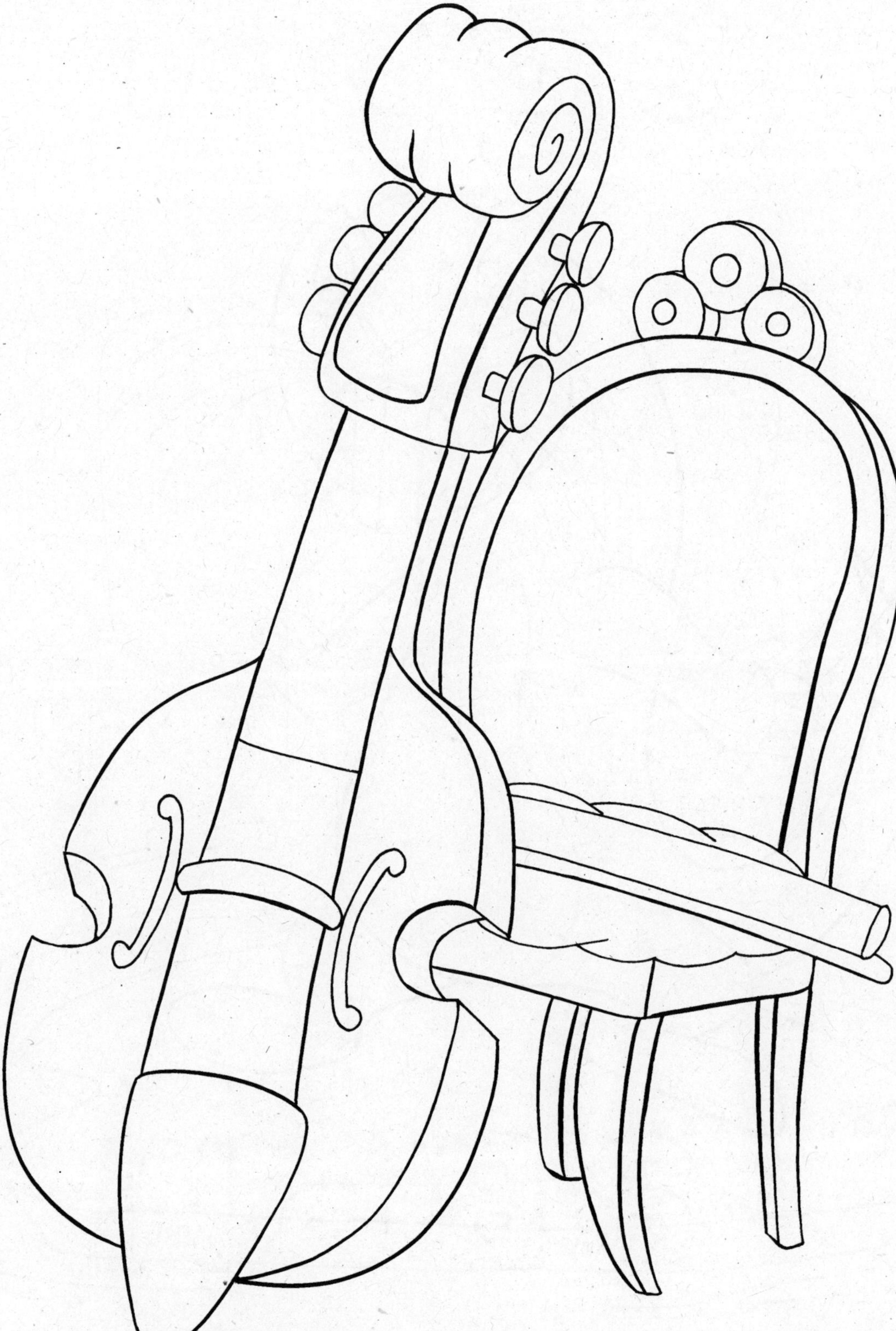

RICE

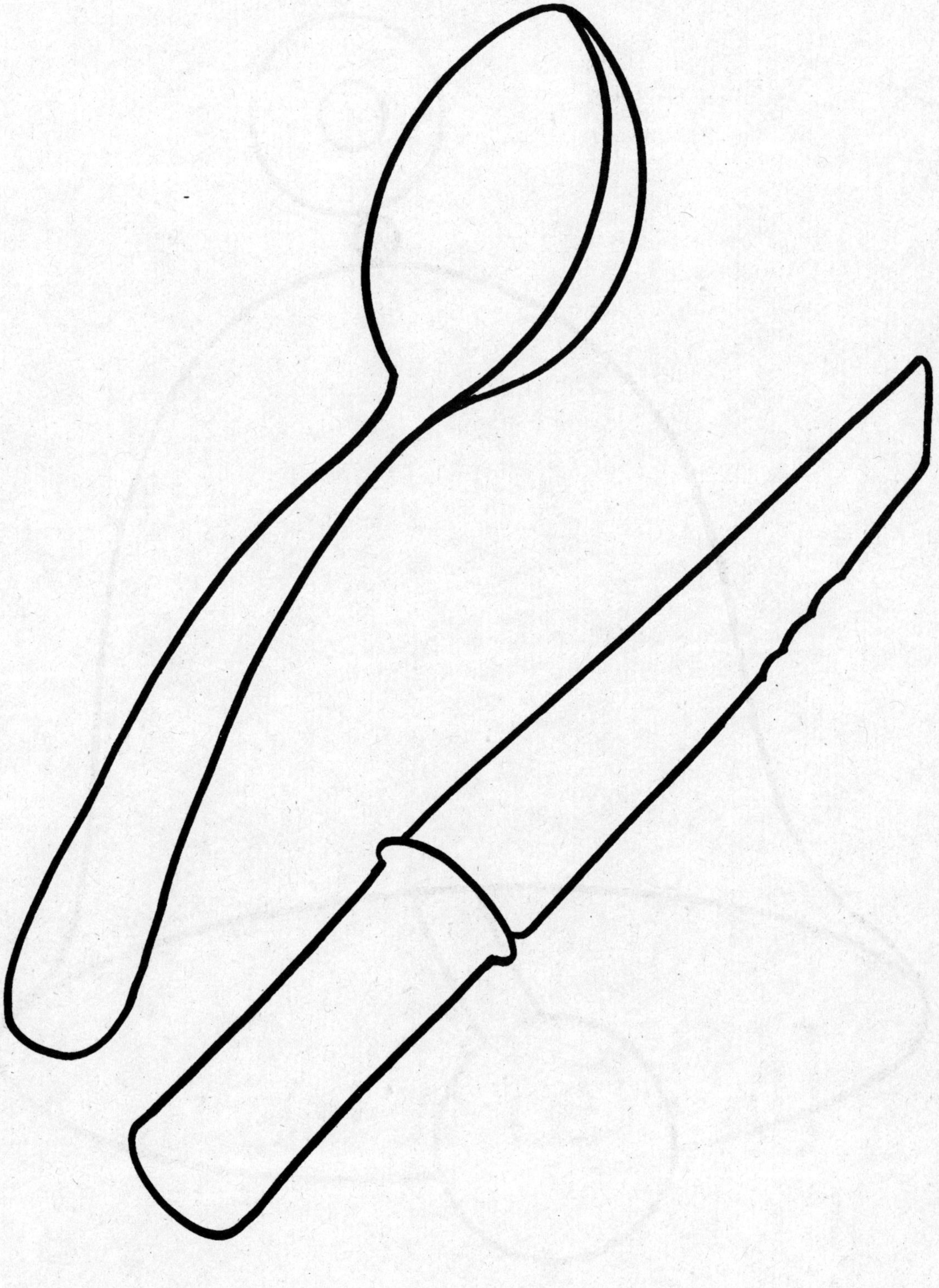

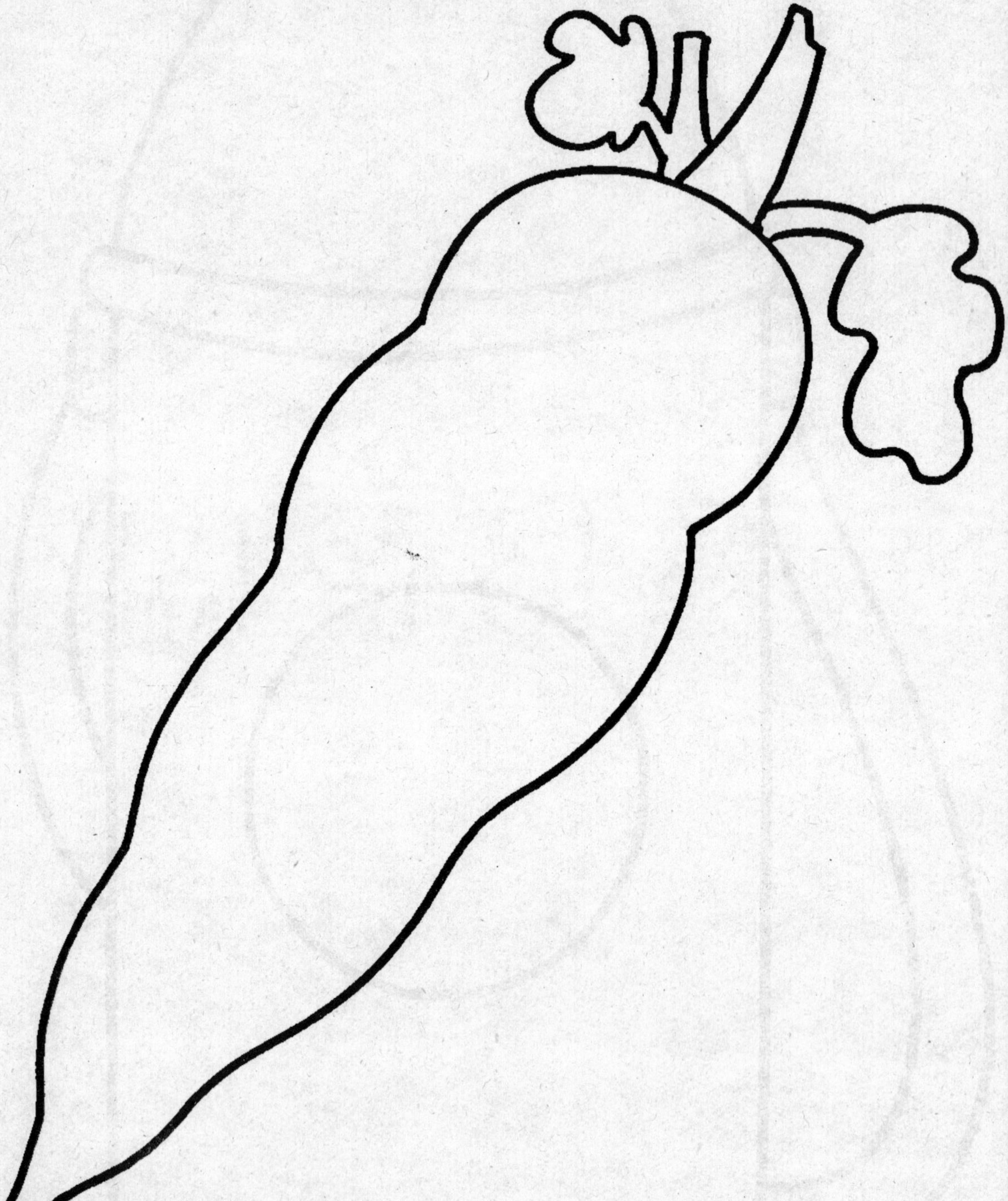

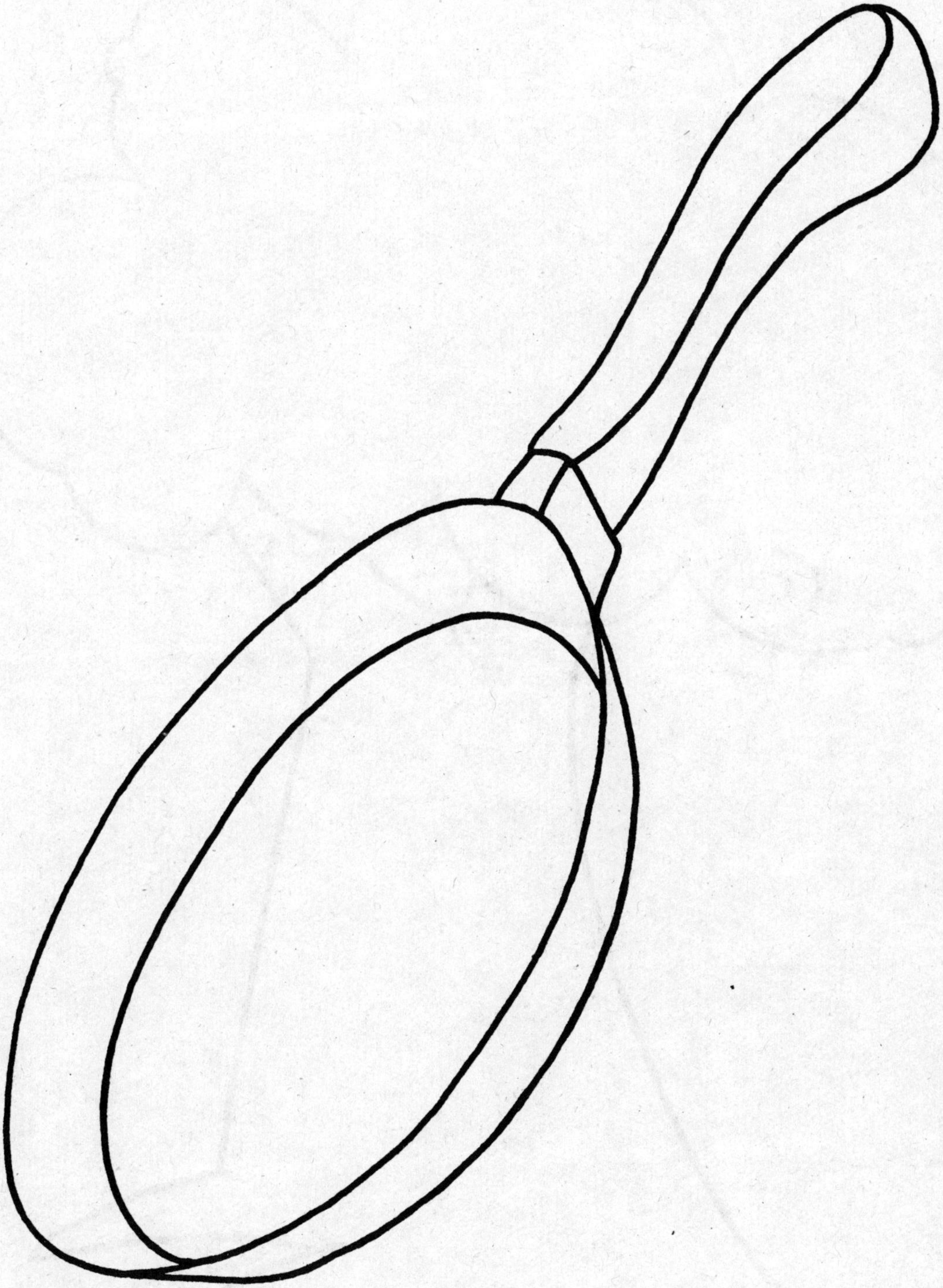

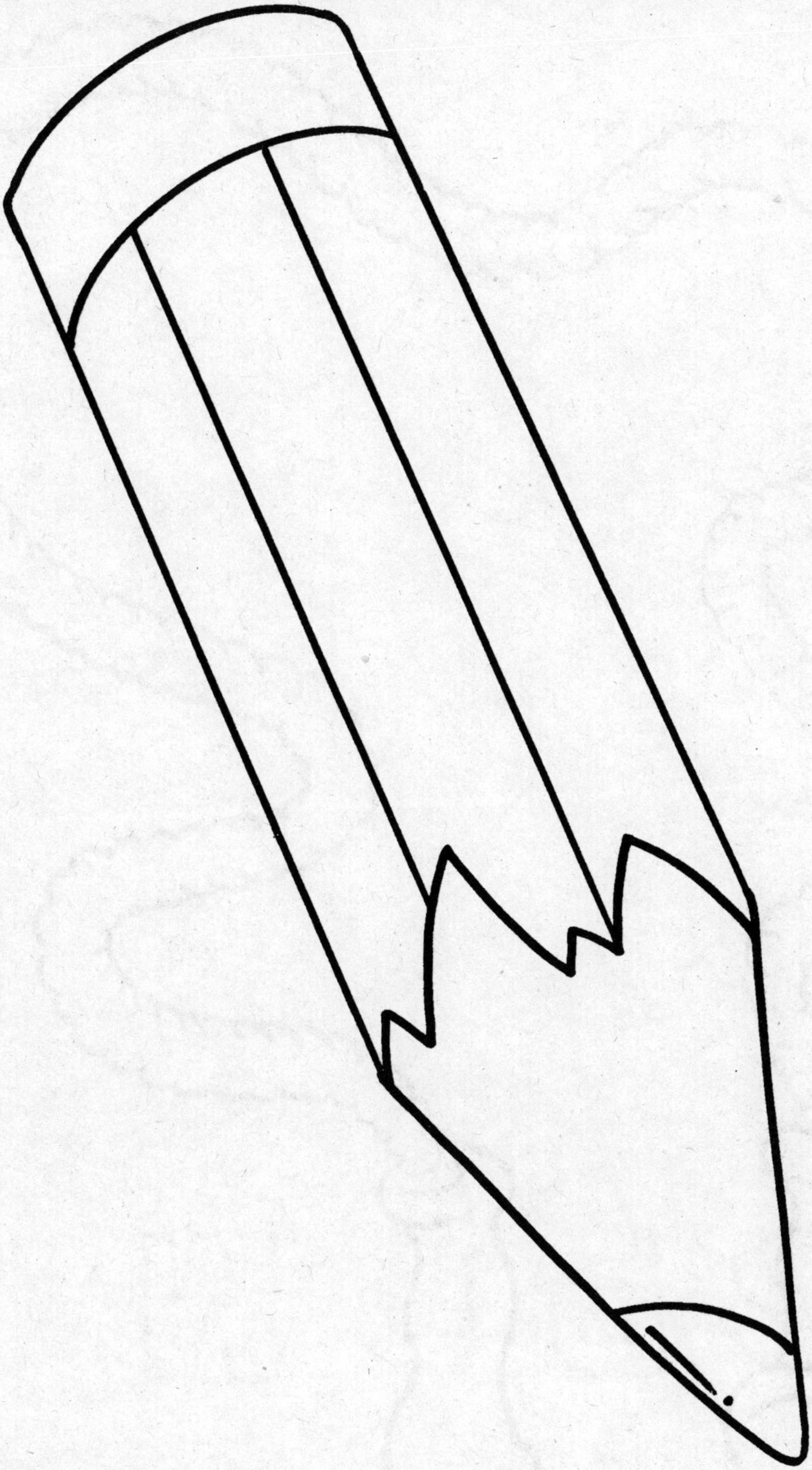

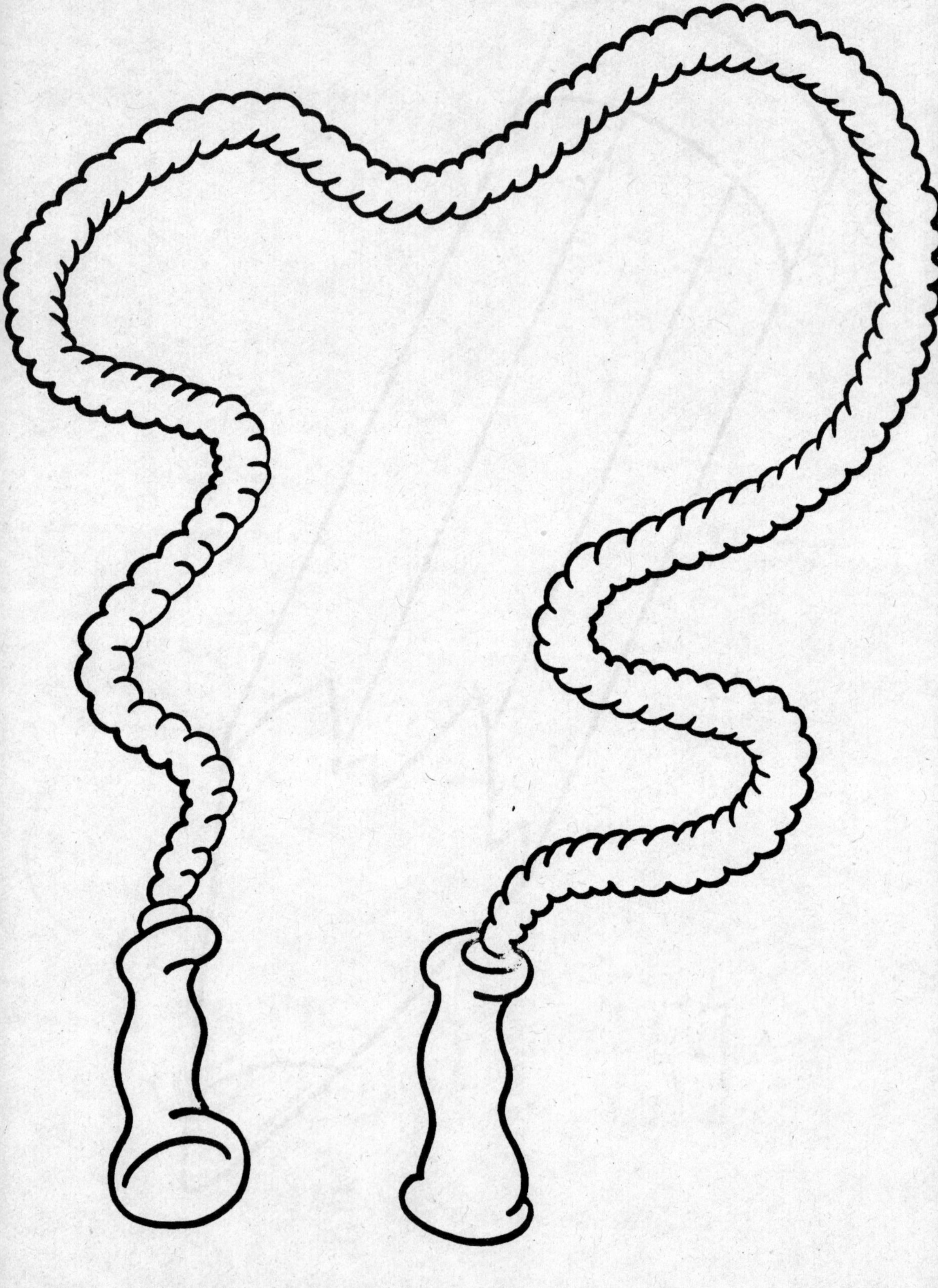

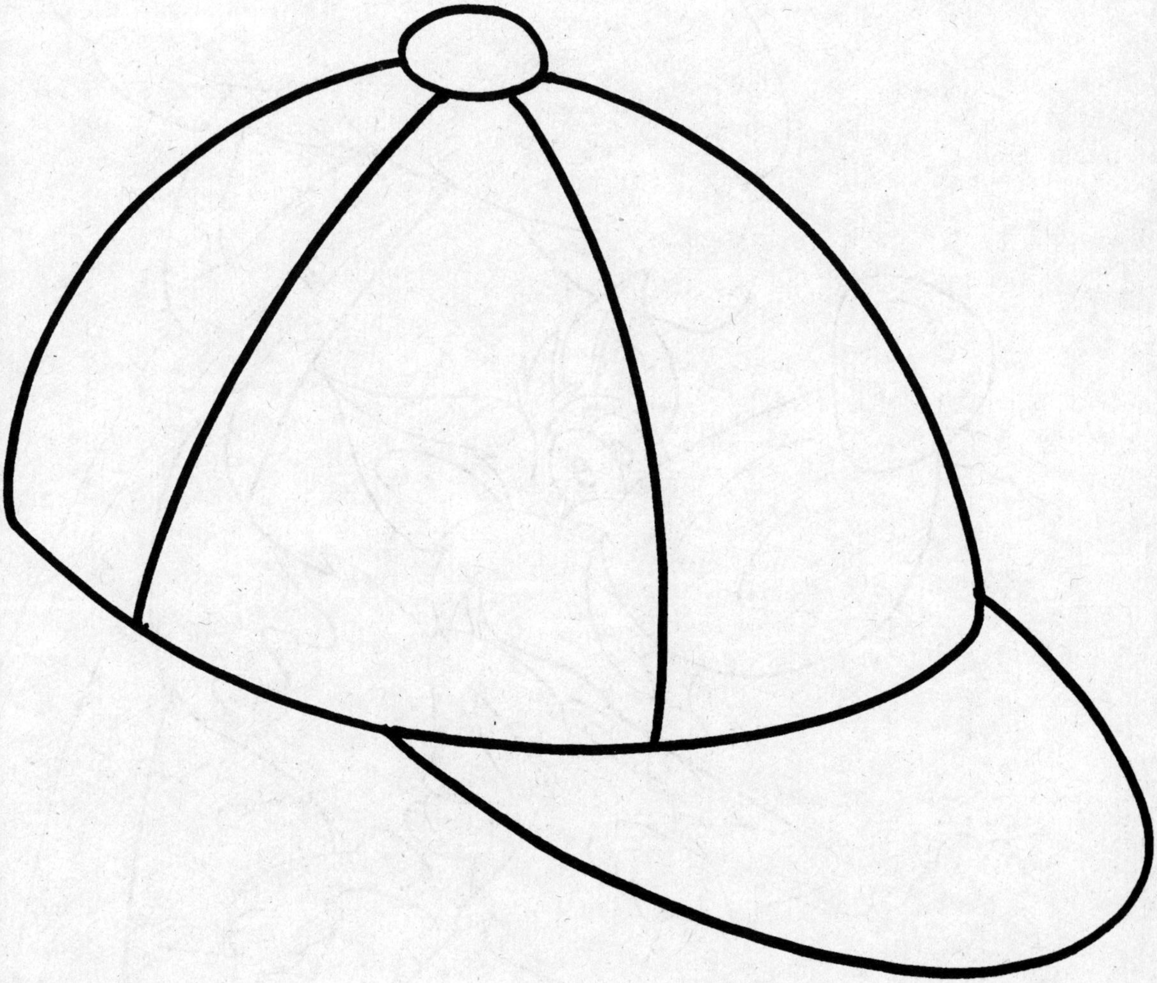

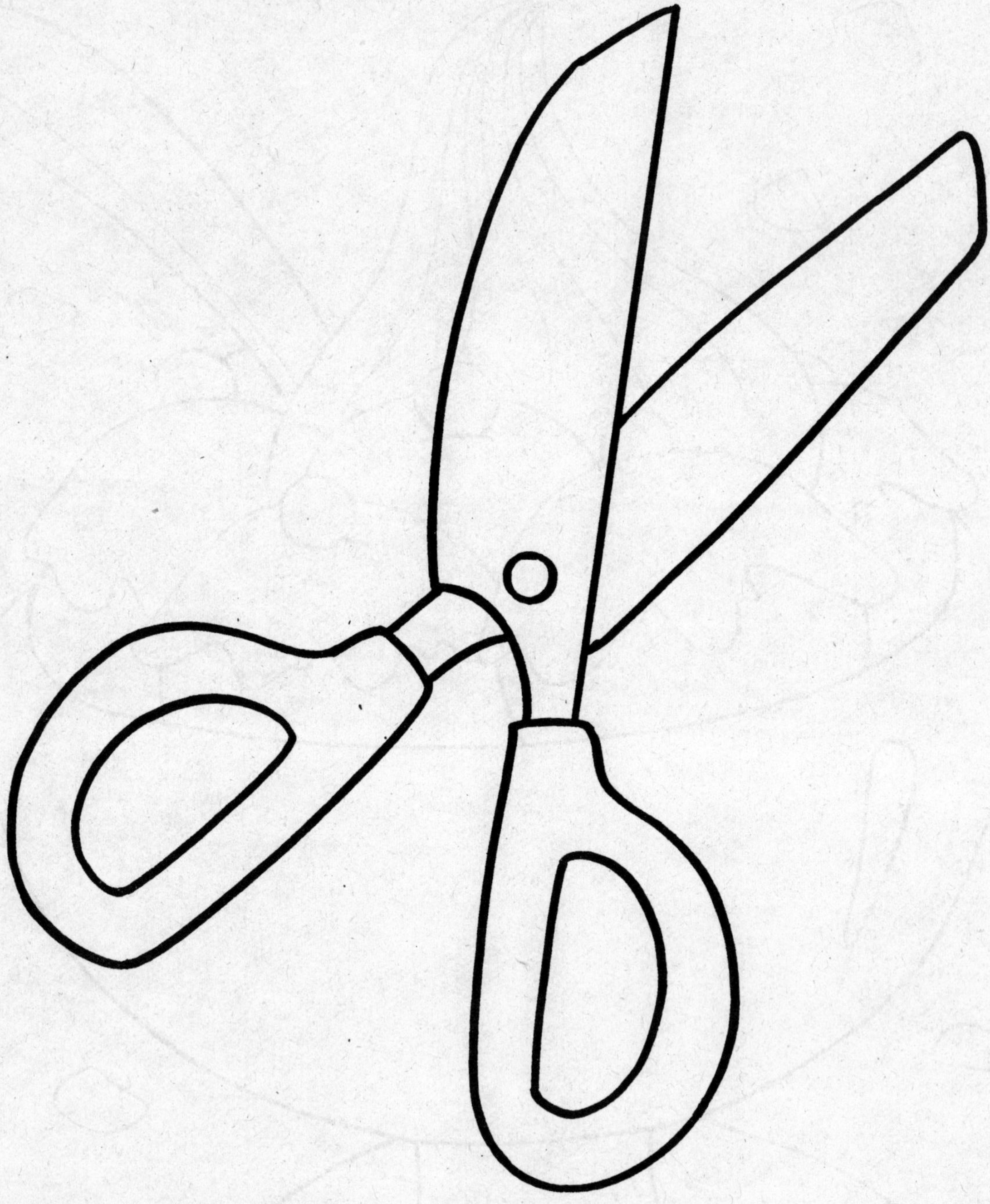

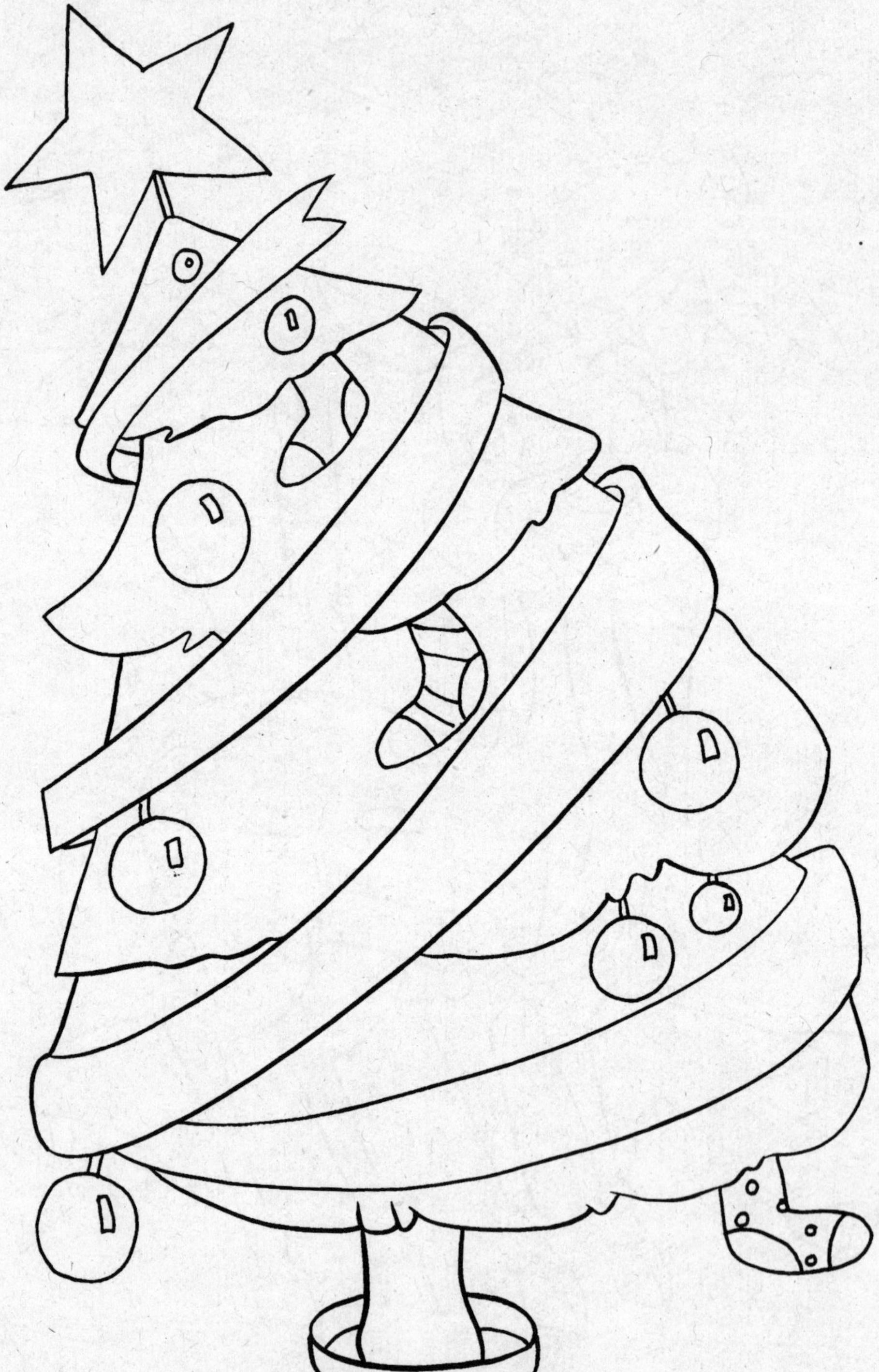

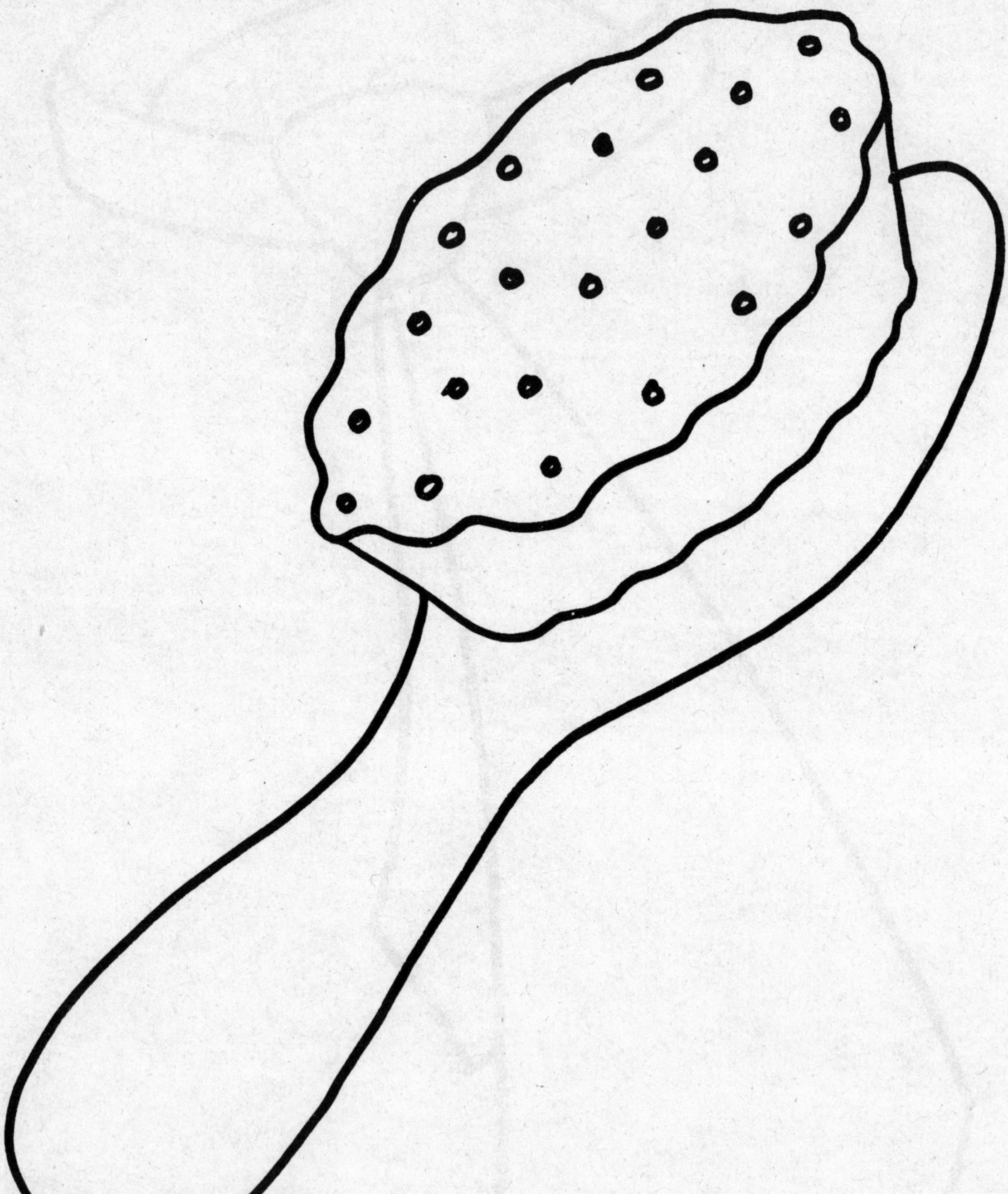

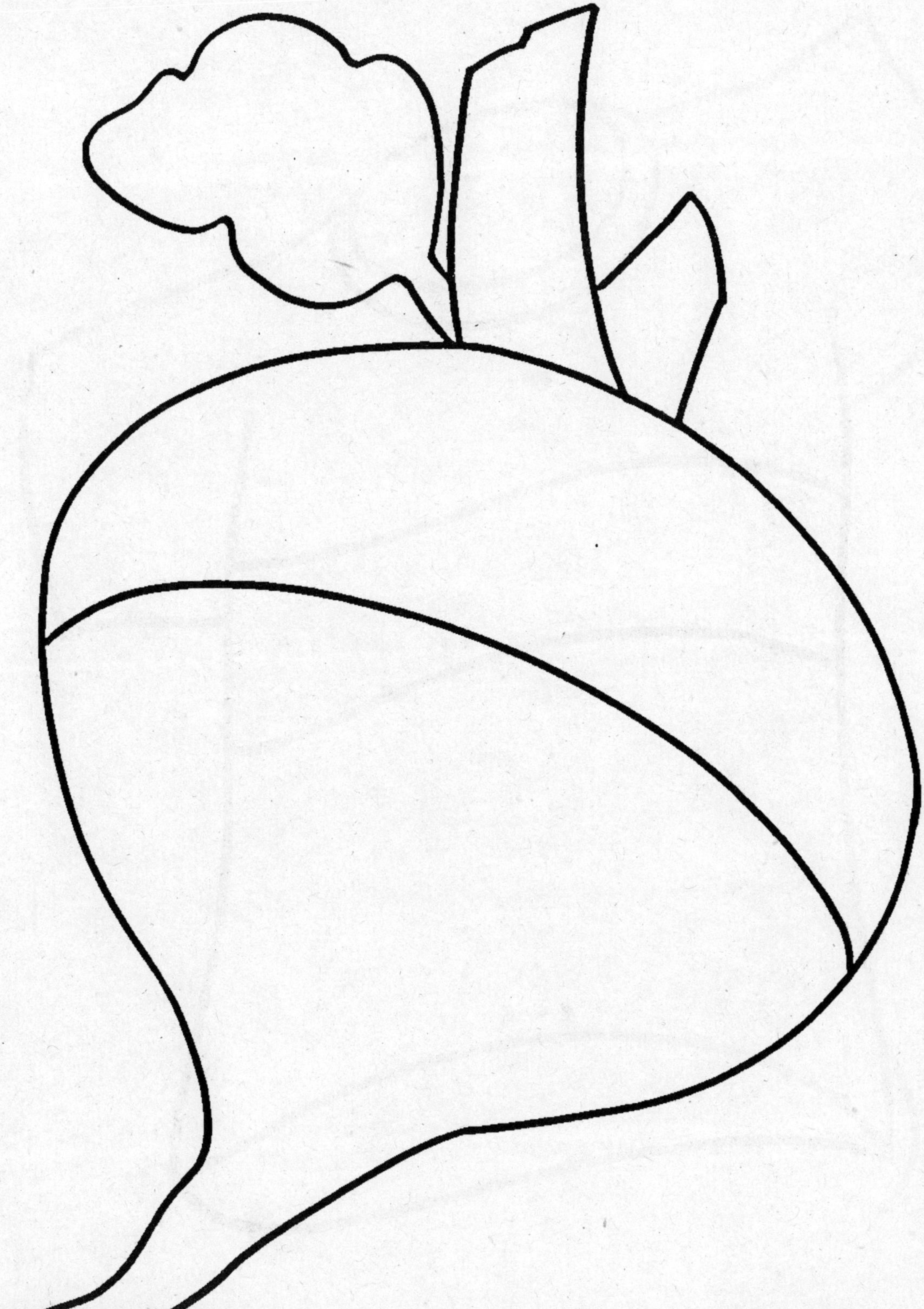

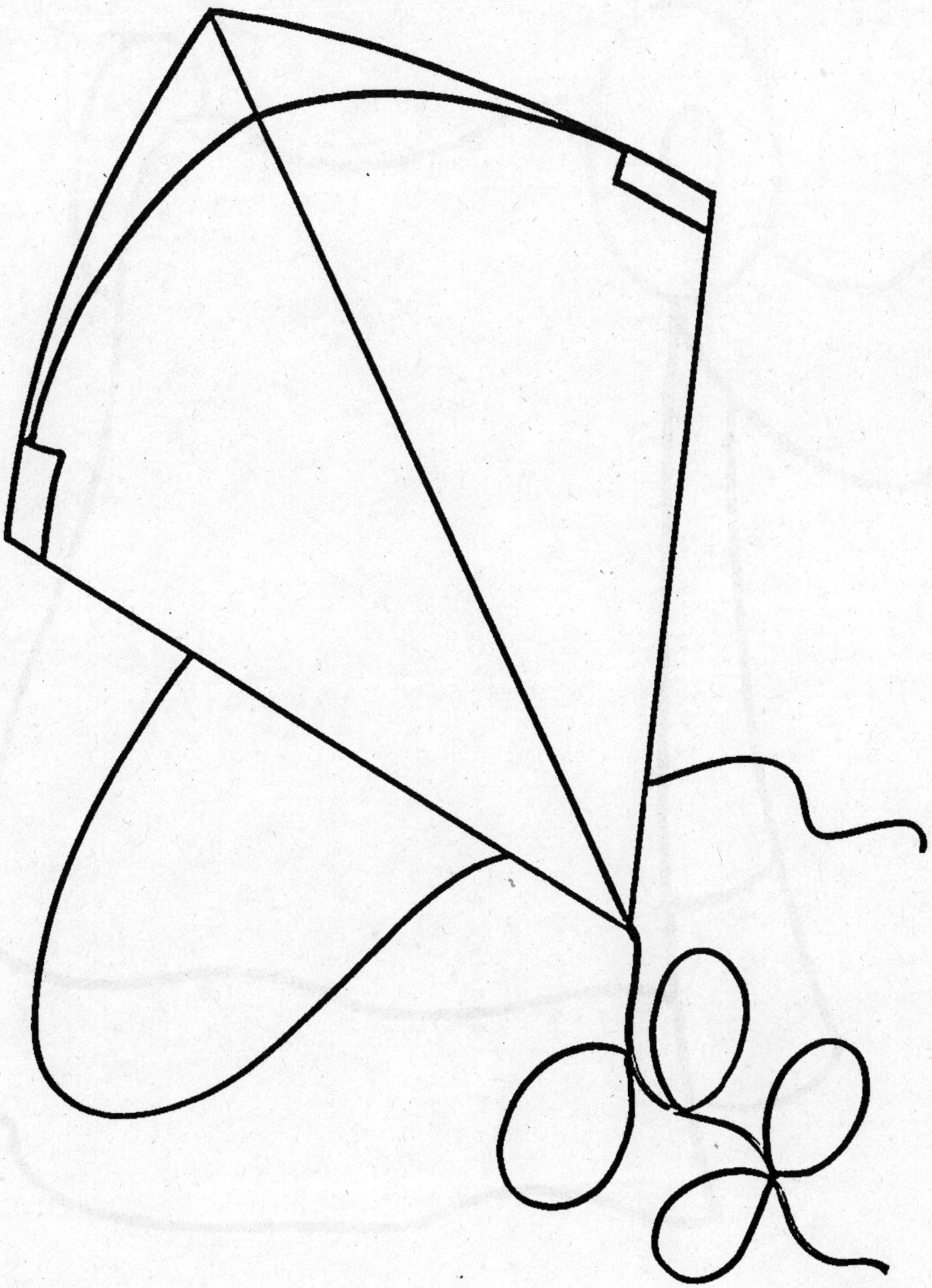

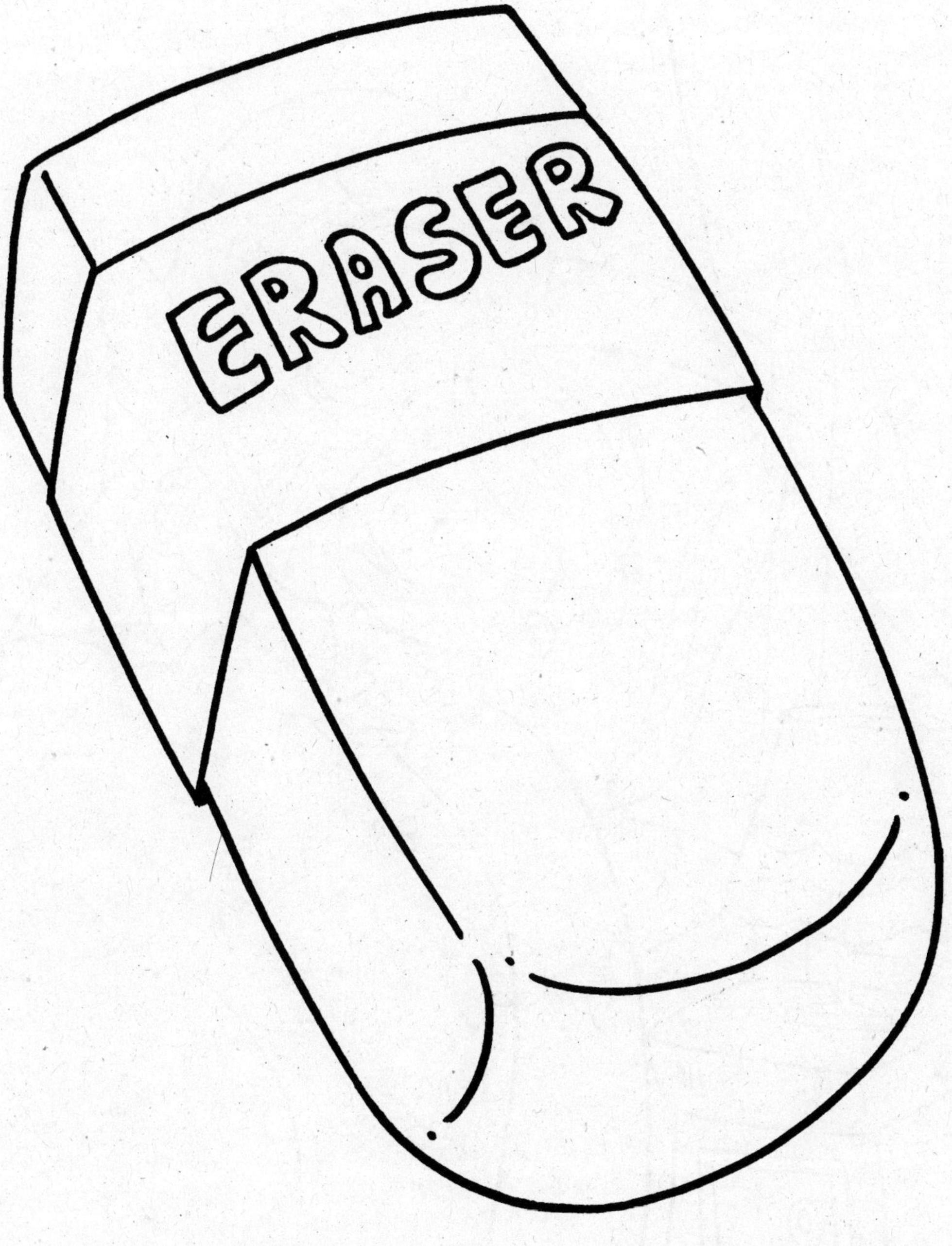
ERASER

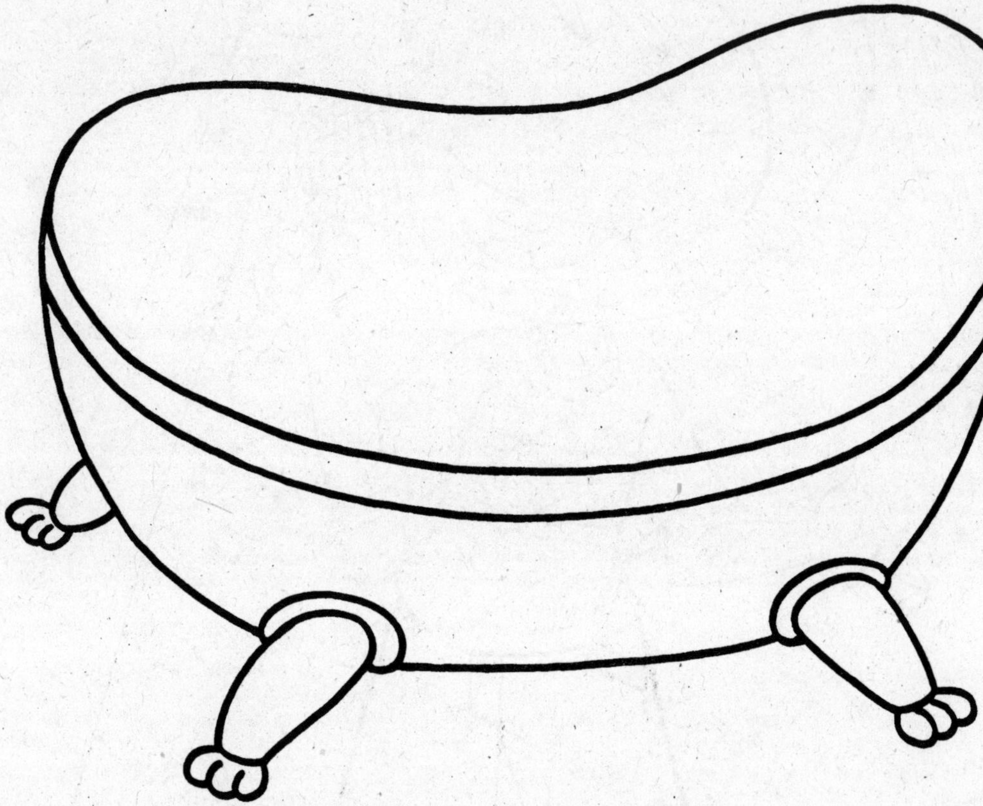

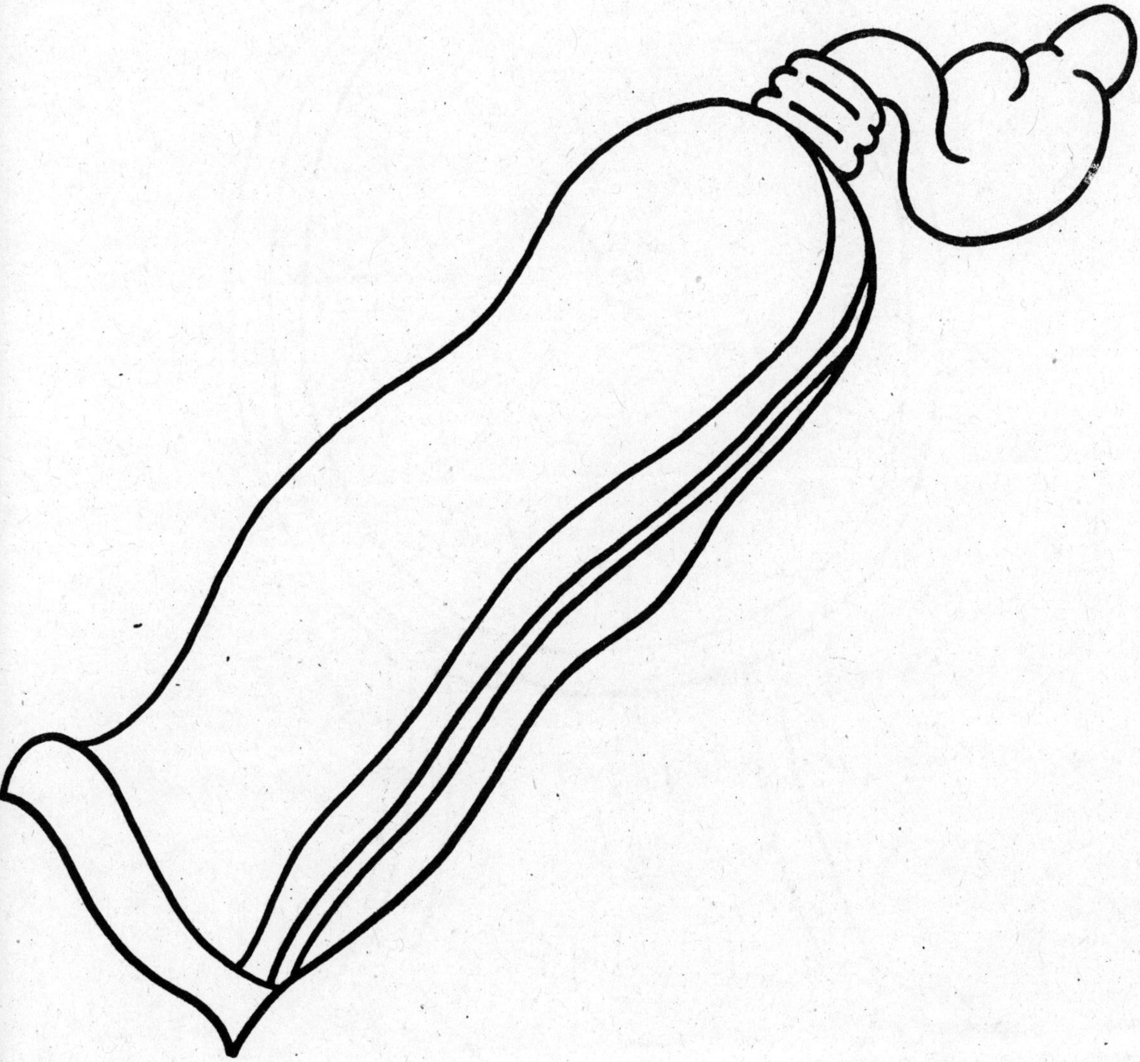

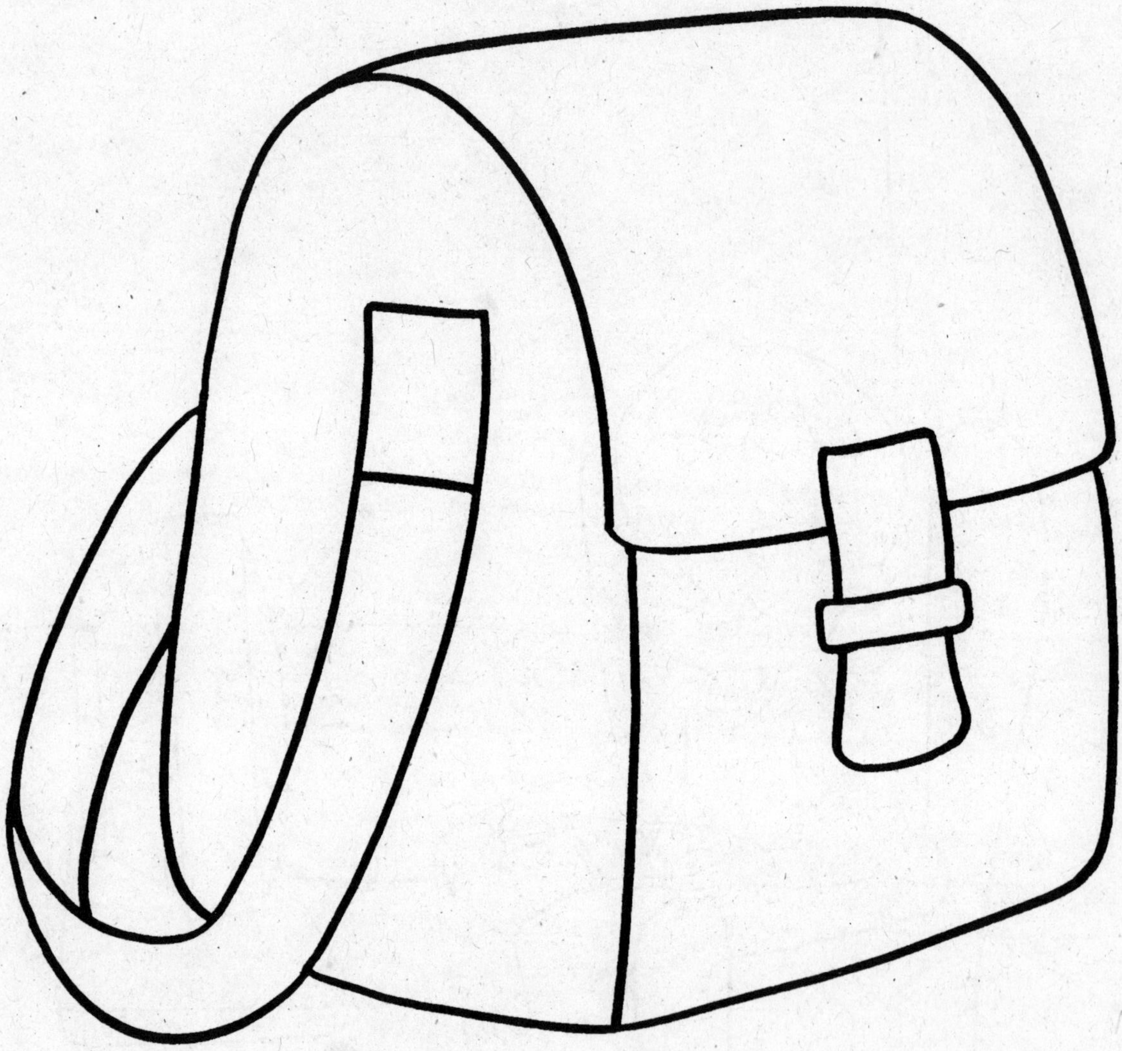

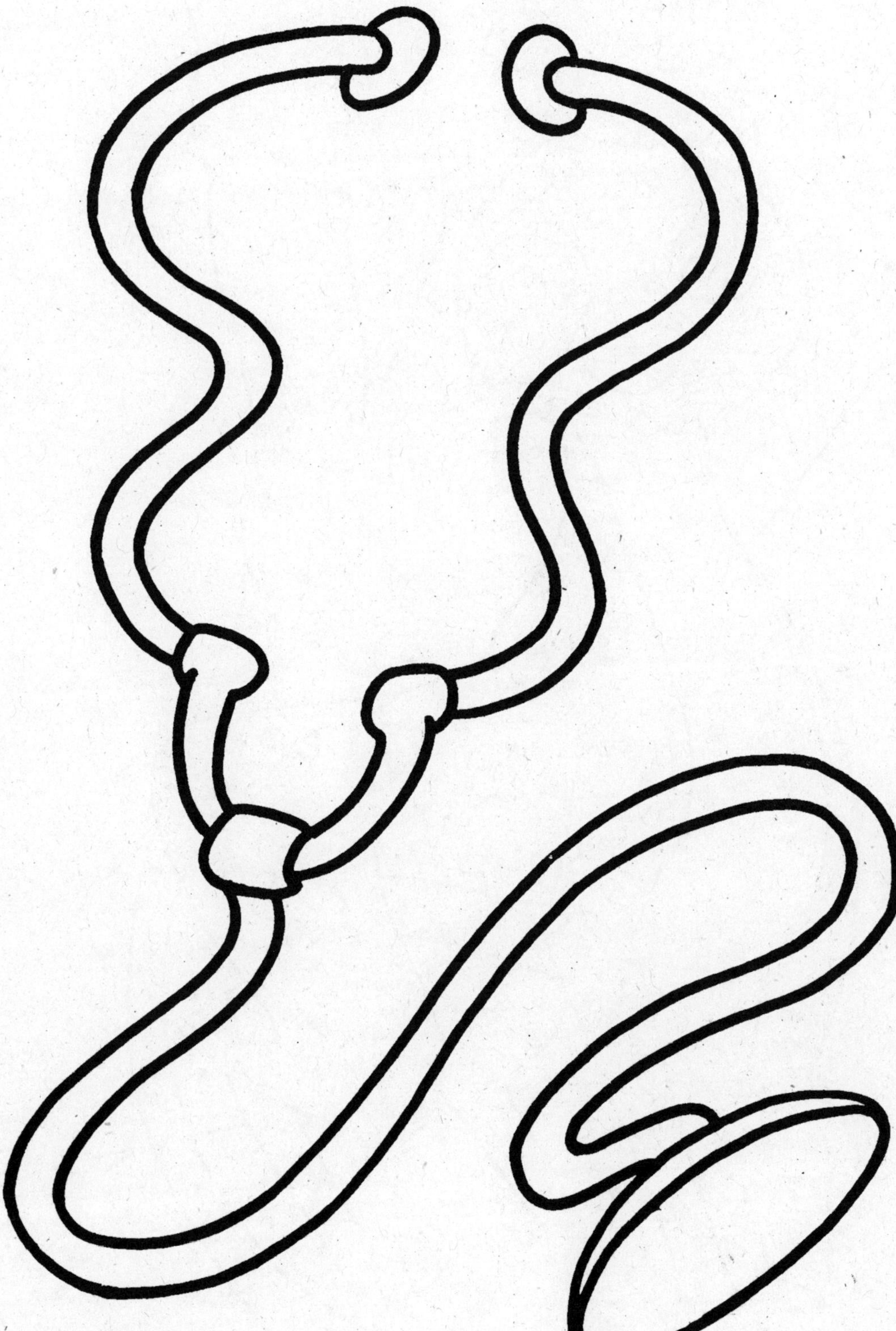

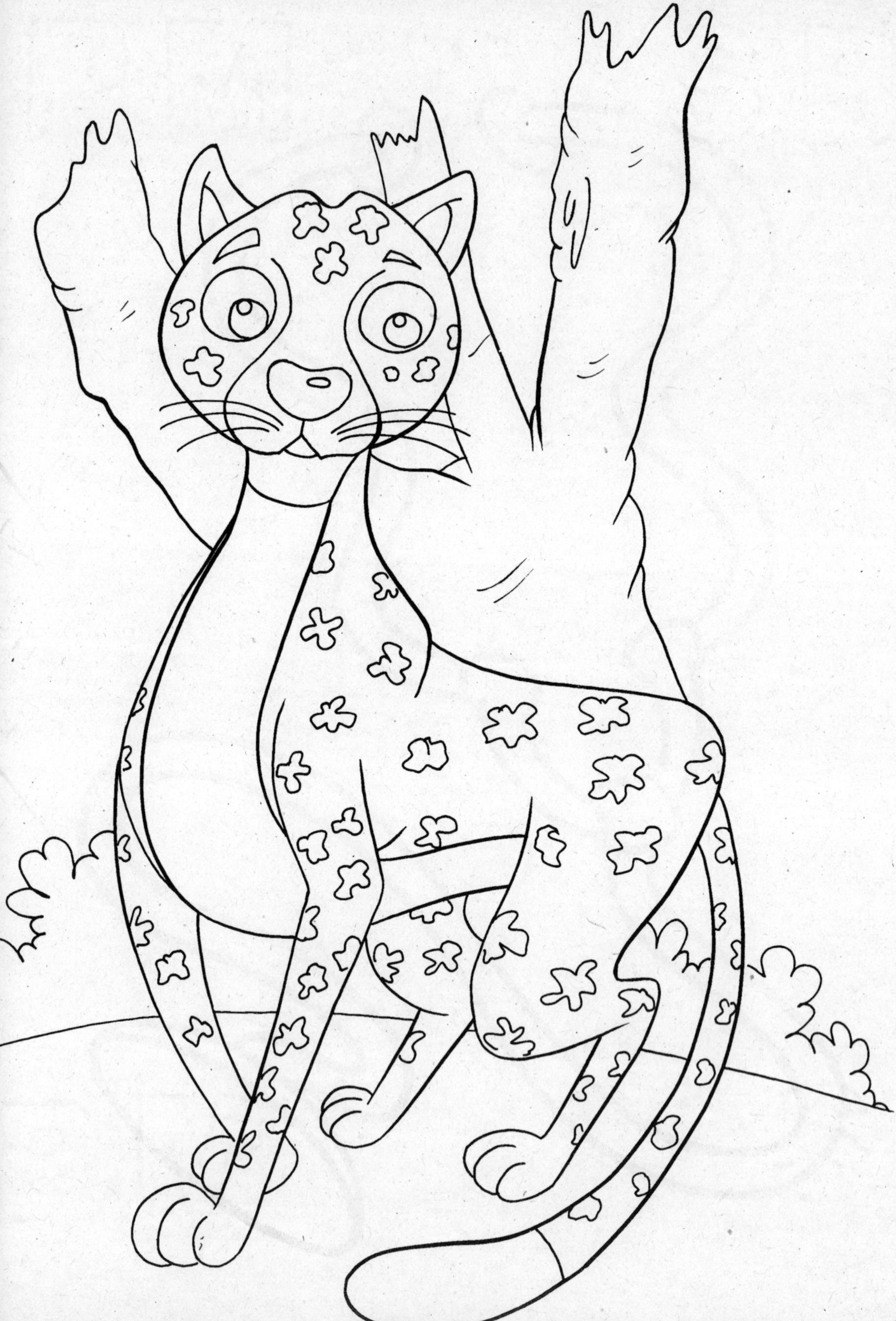

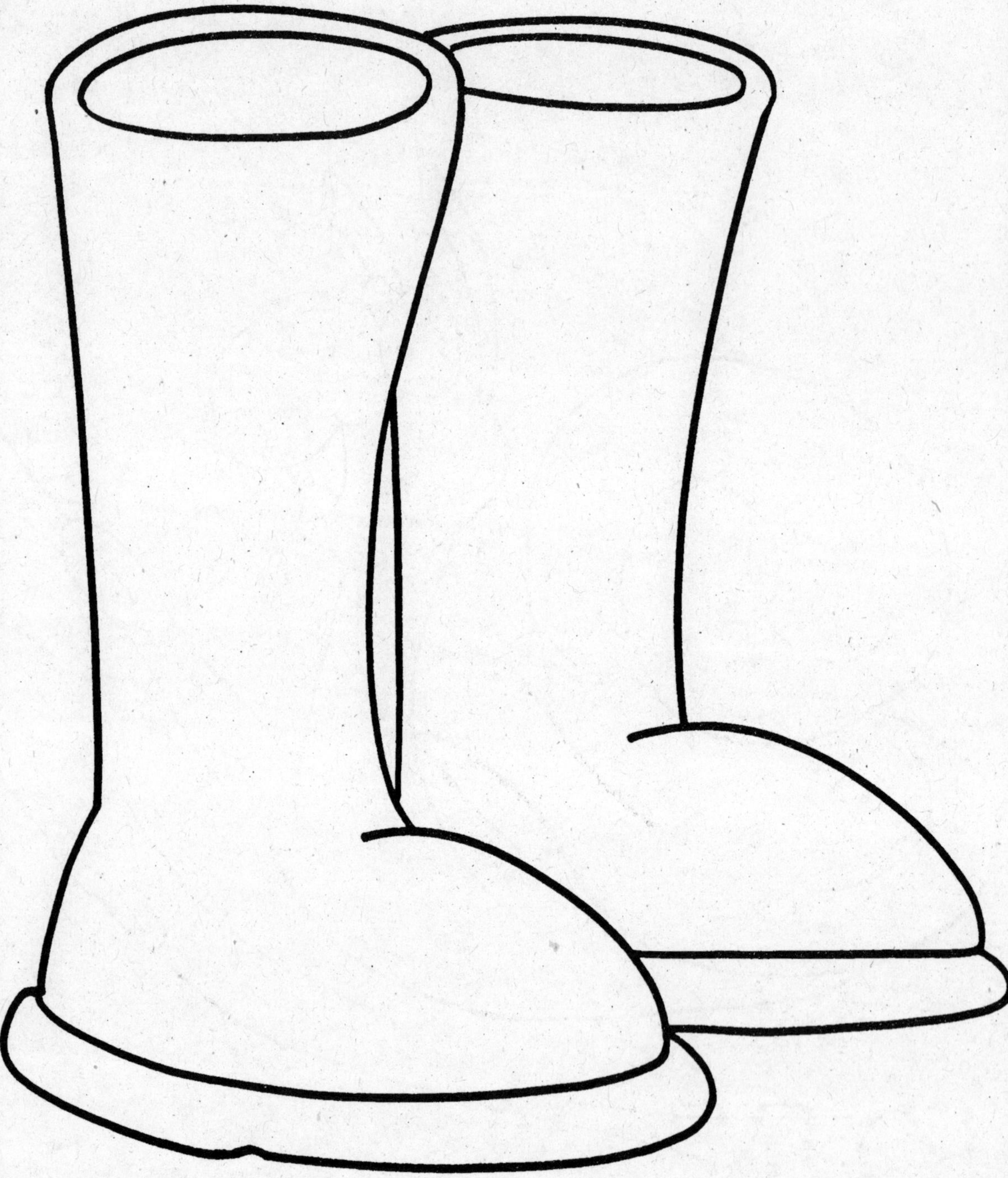

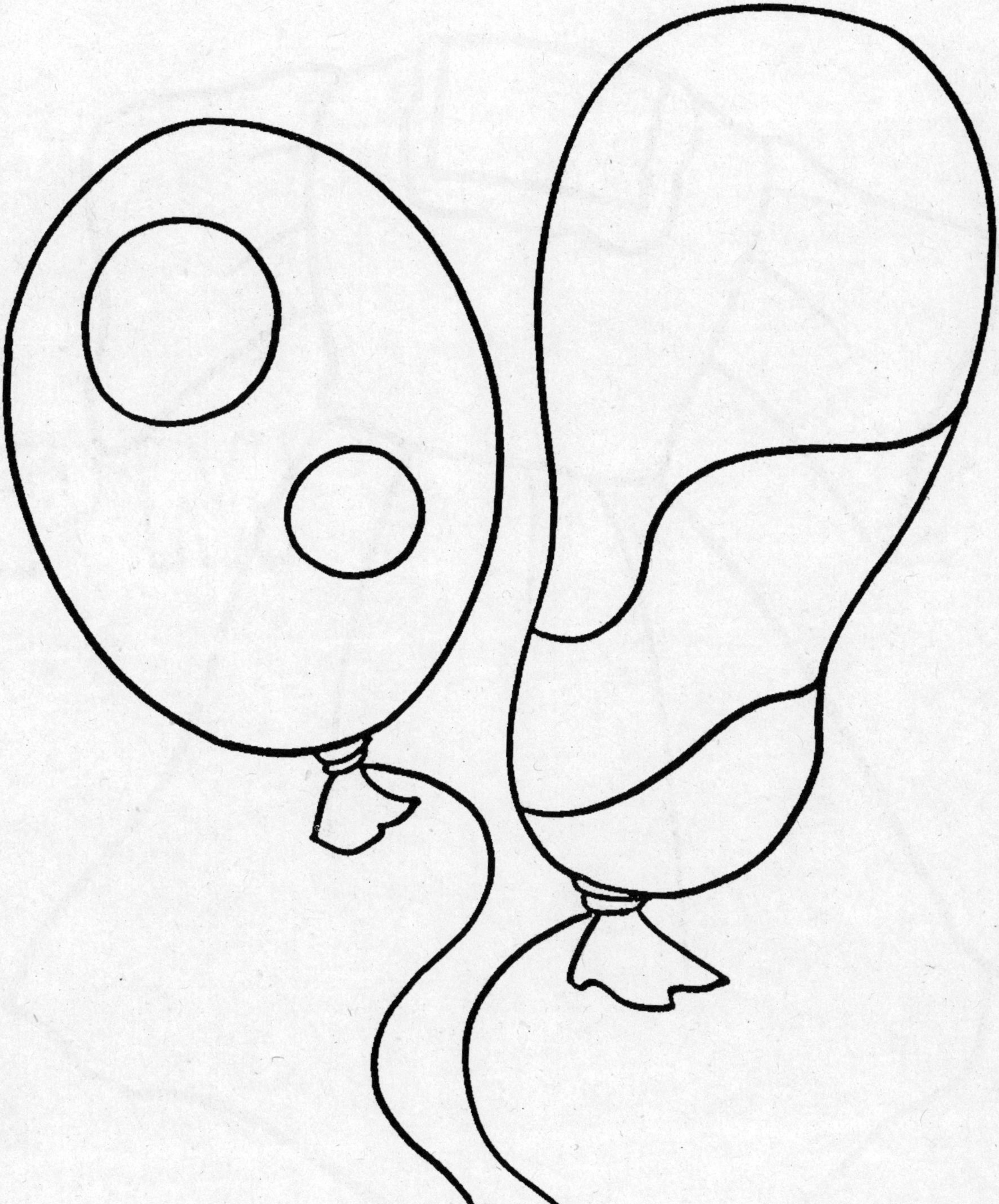

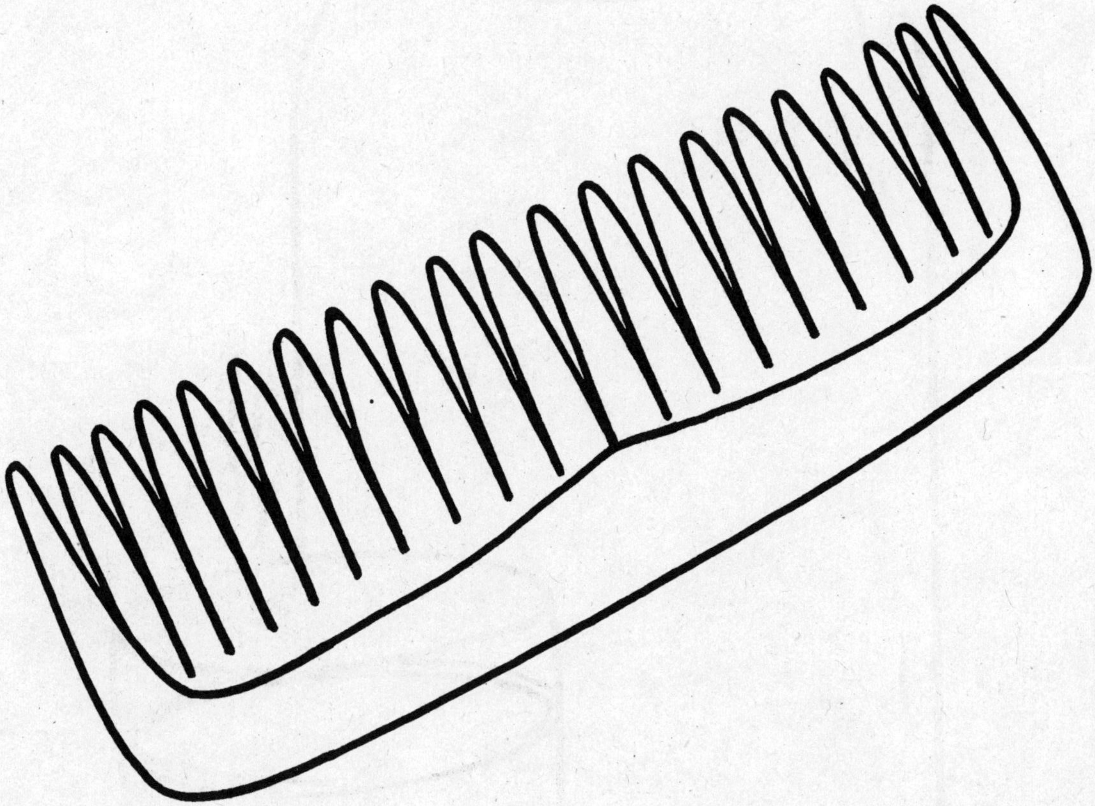

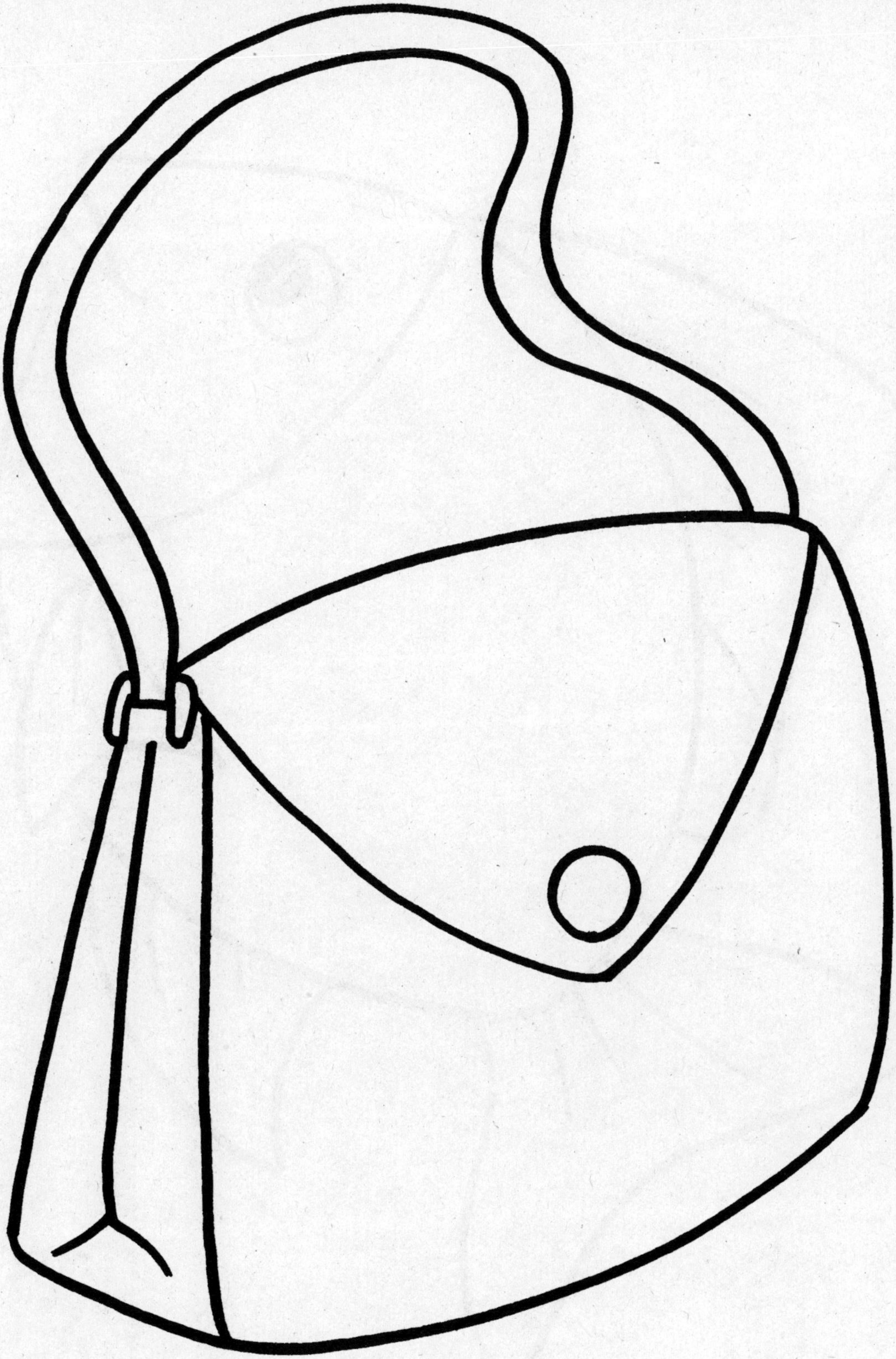

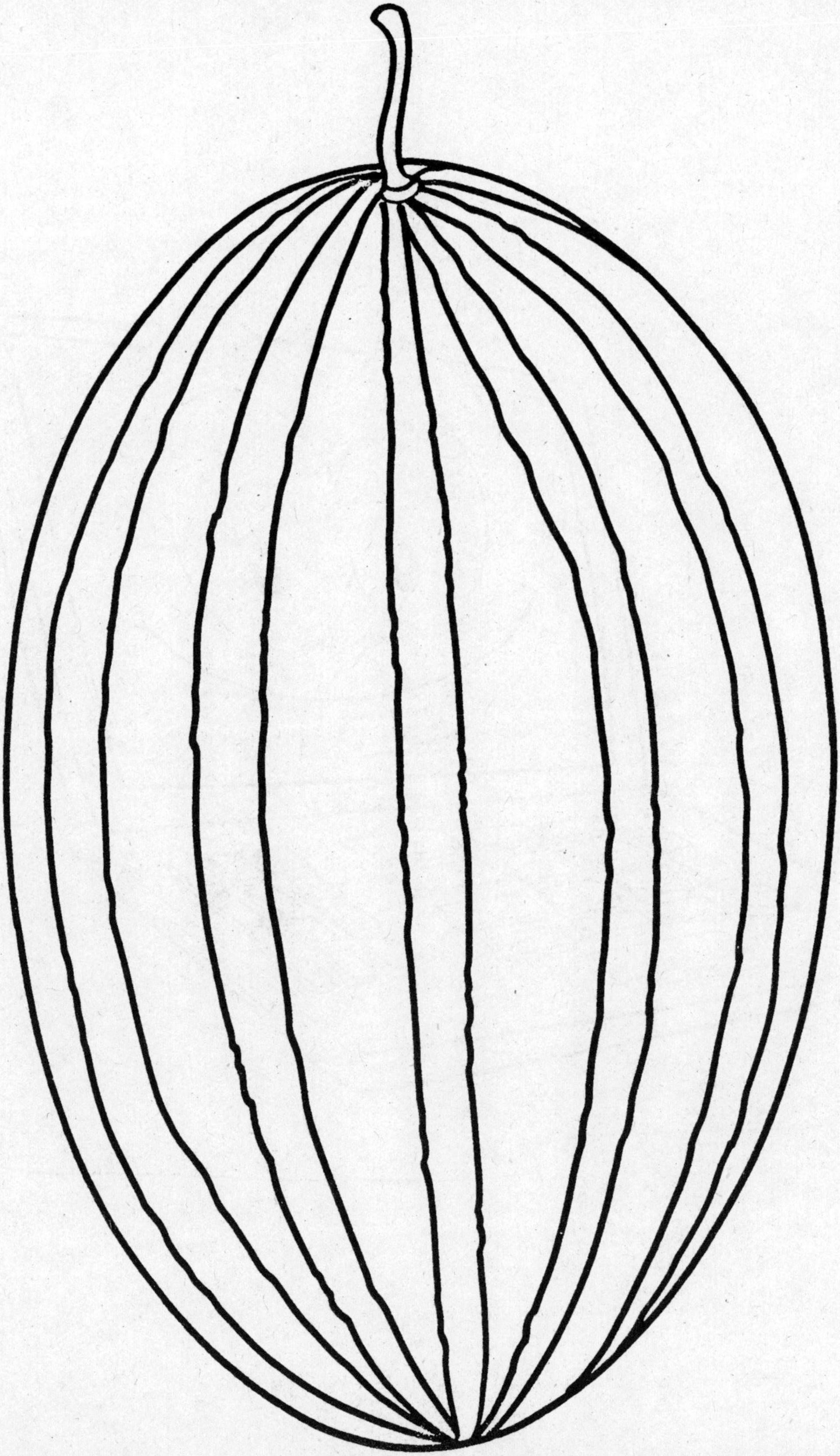

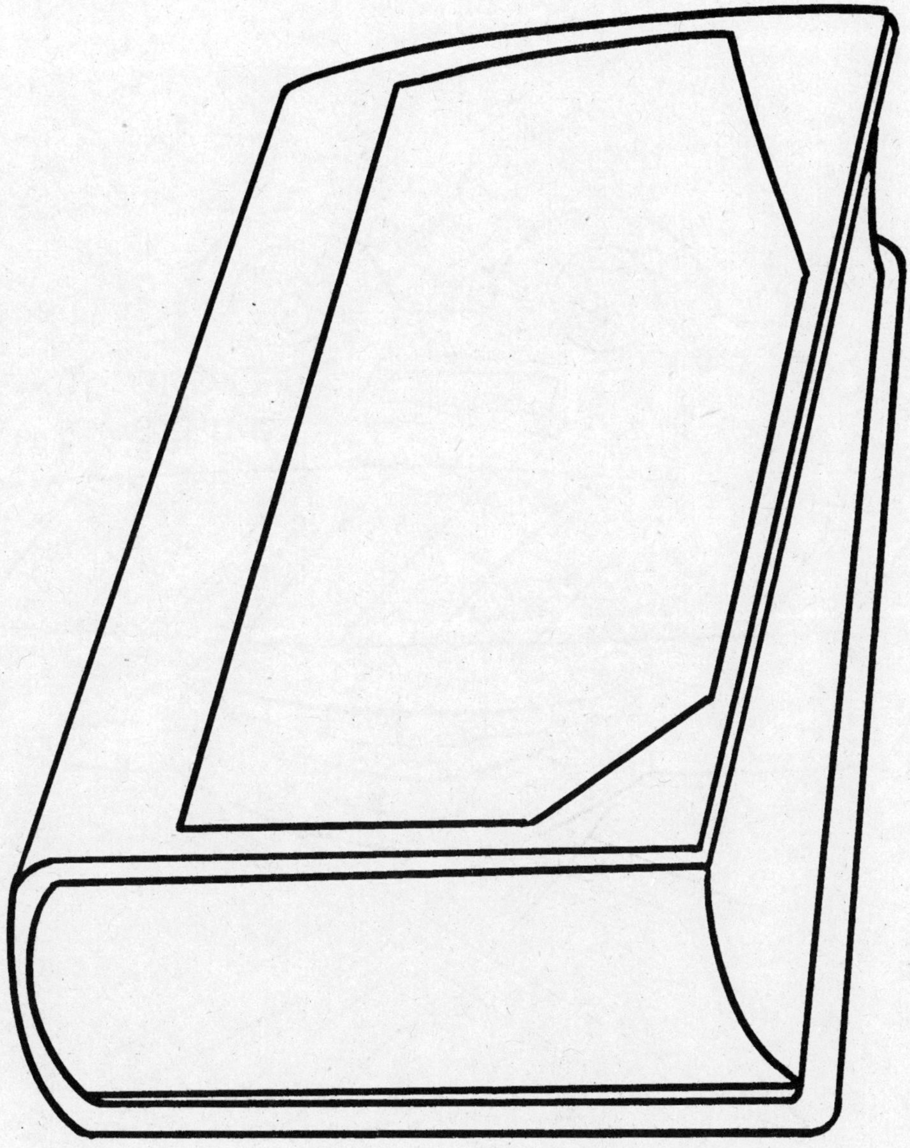

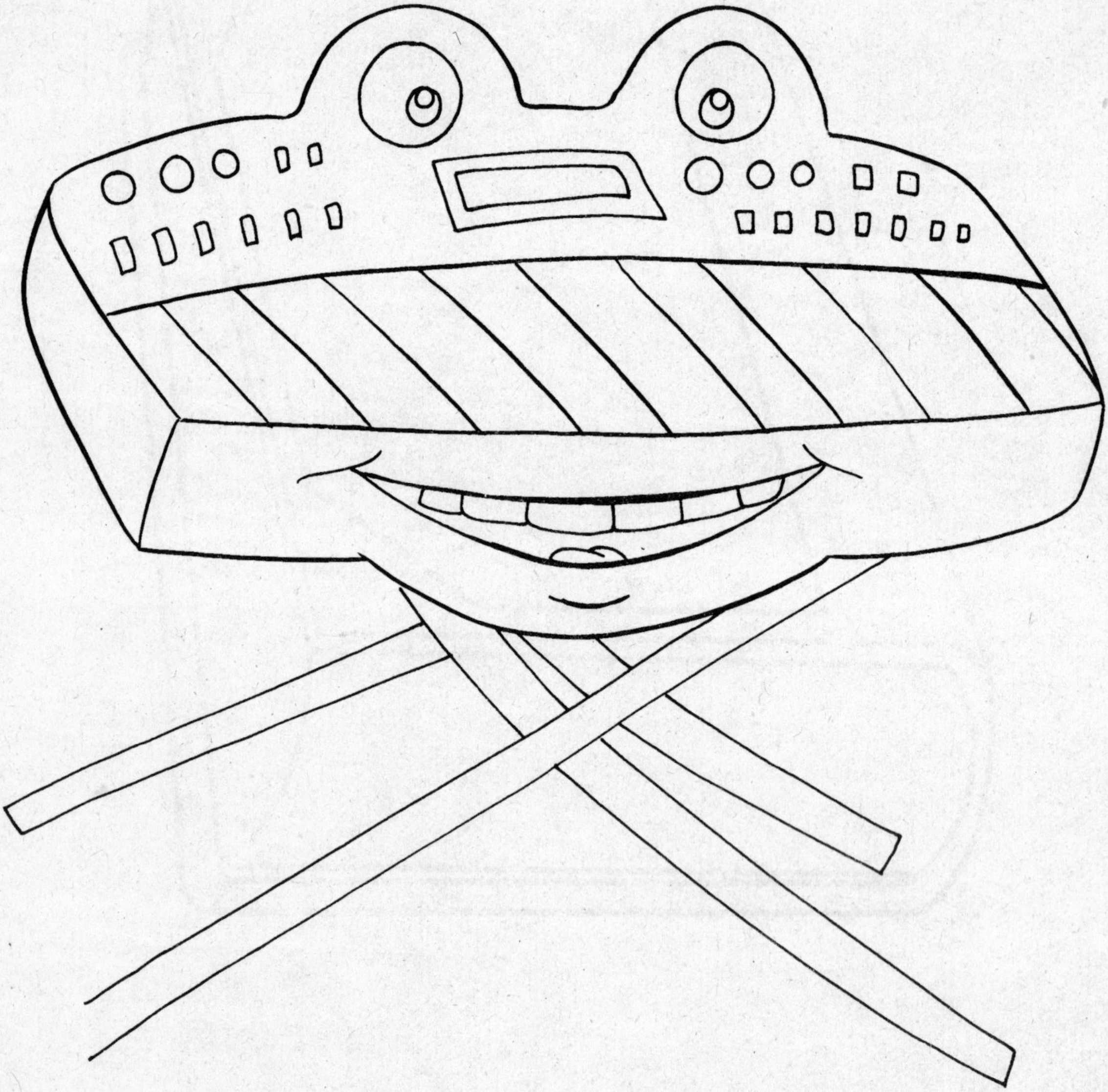

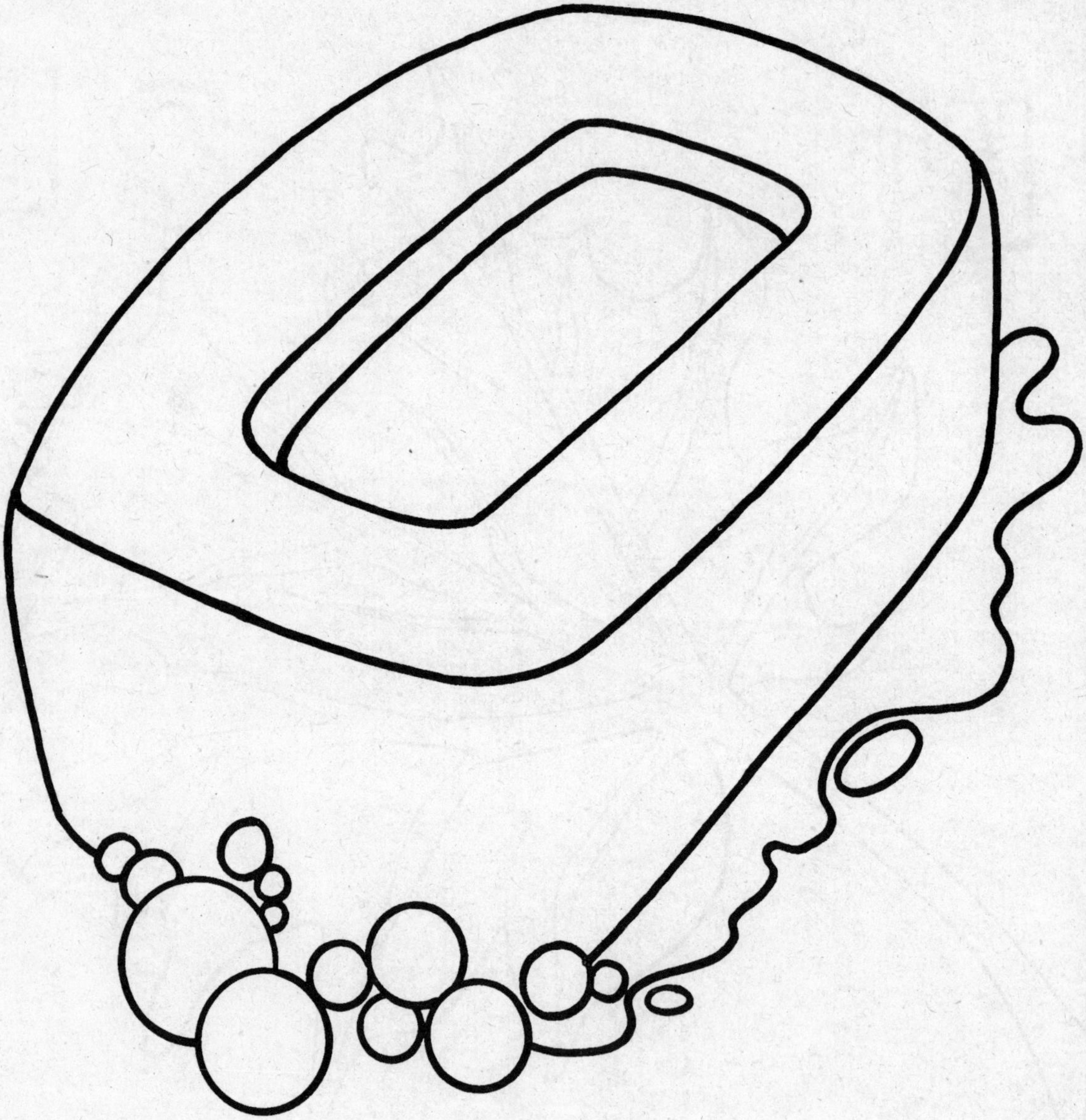

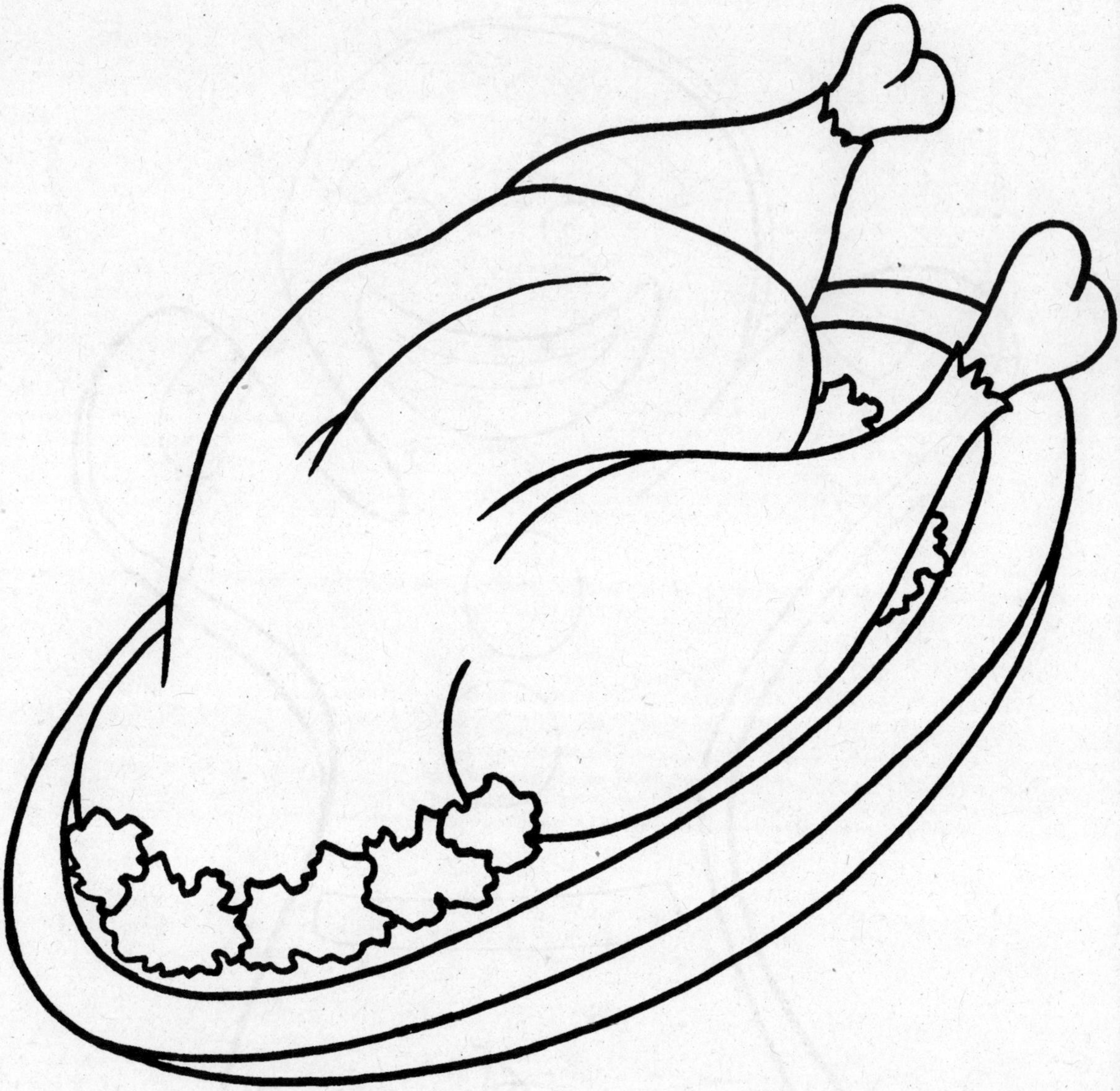

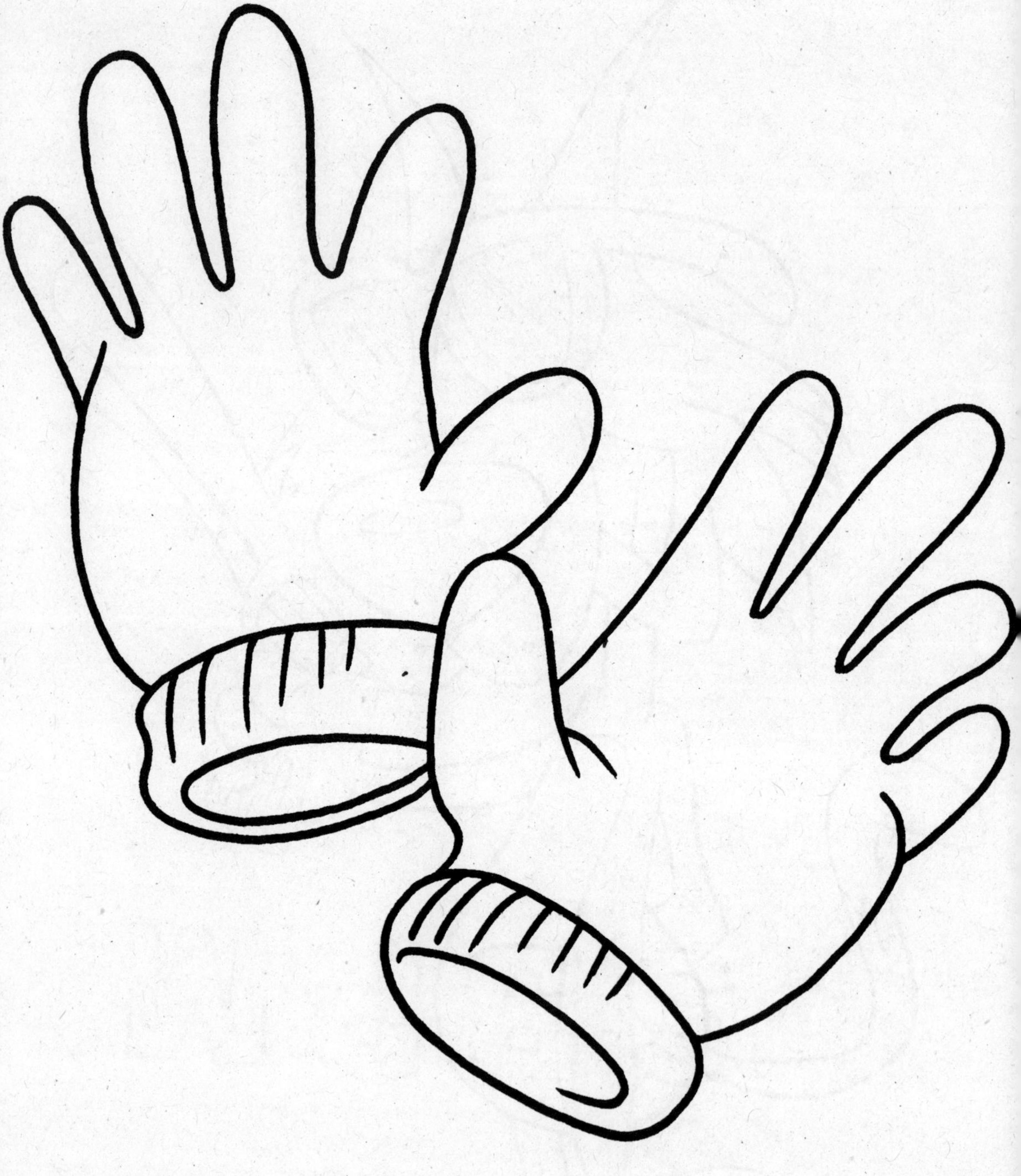

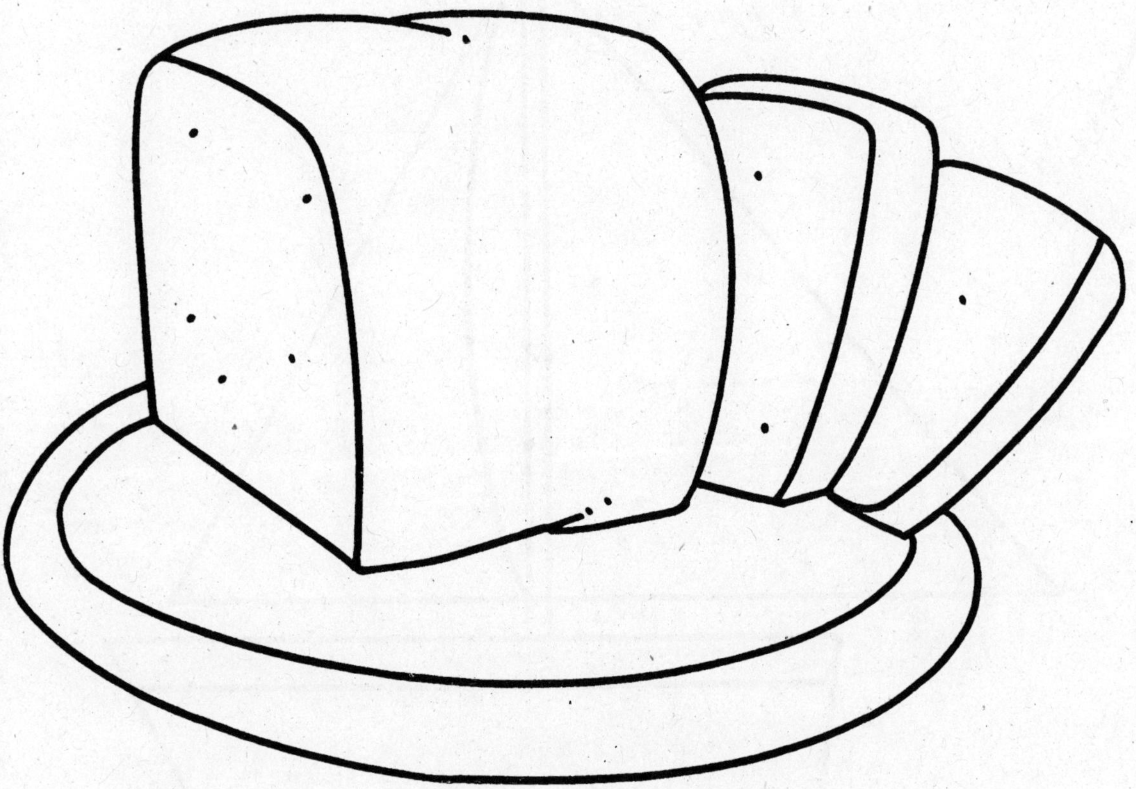

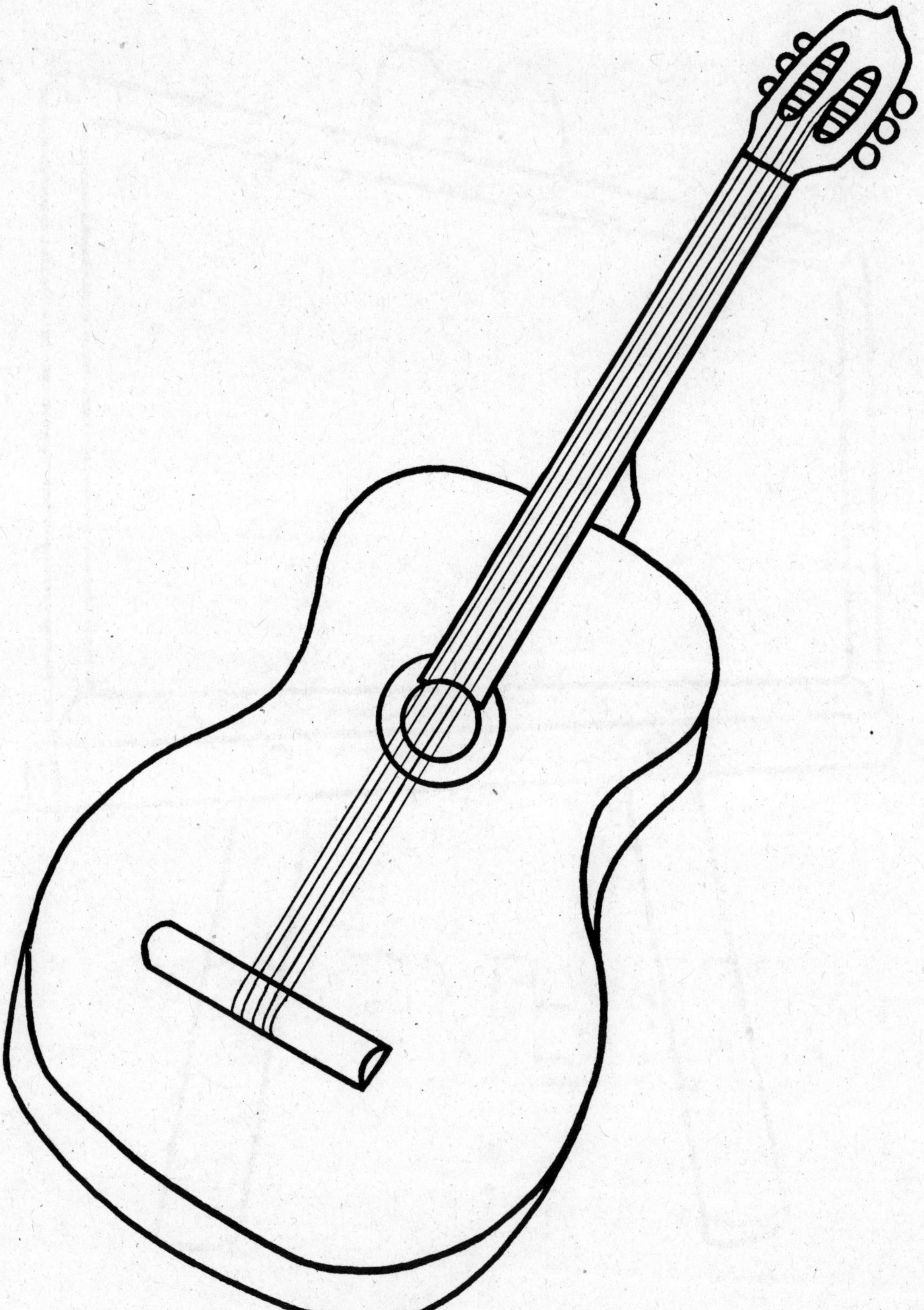

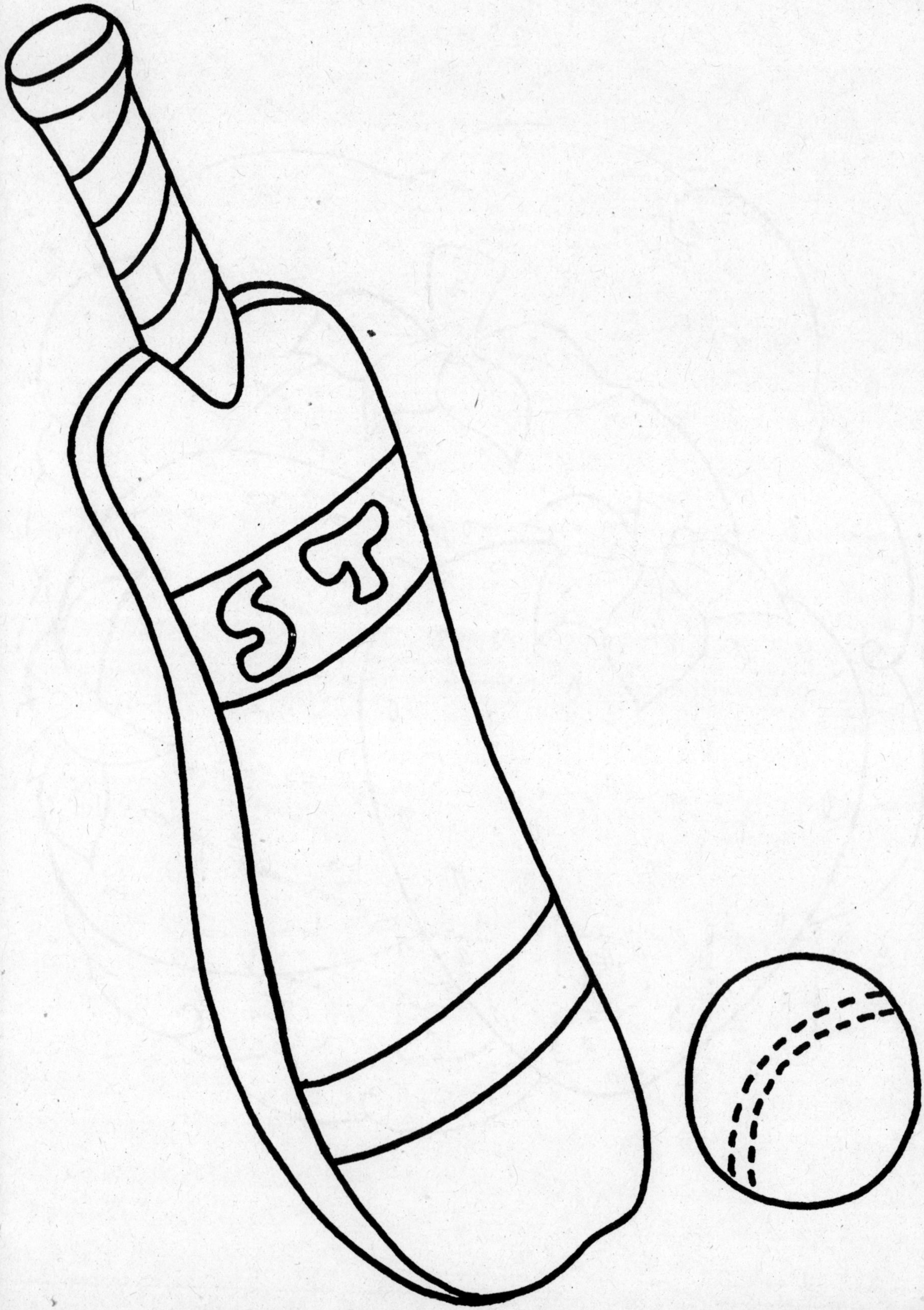
ST

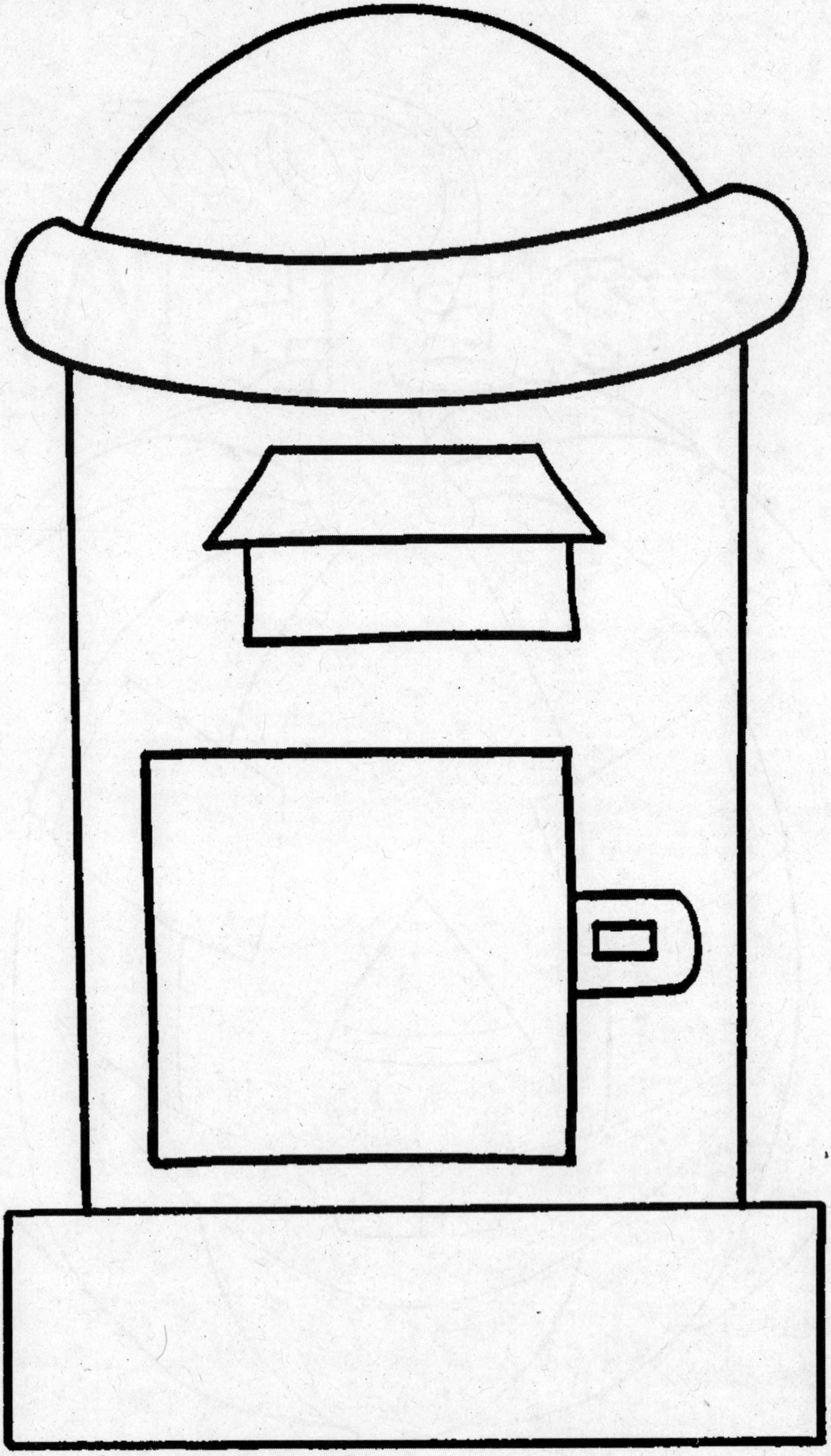

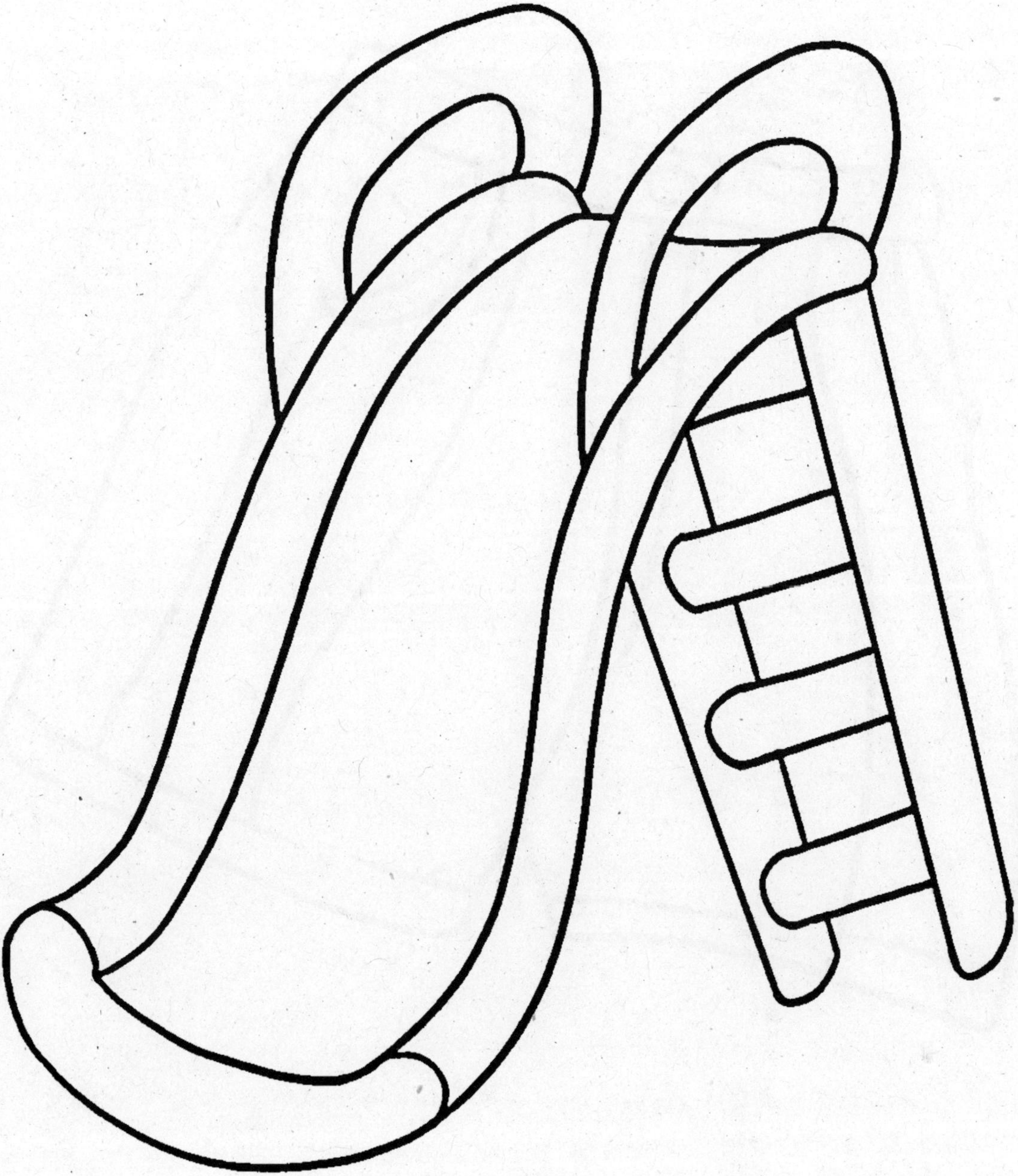

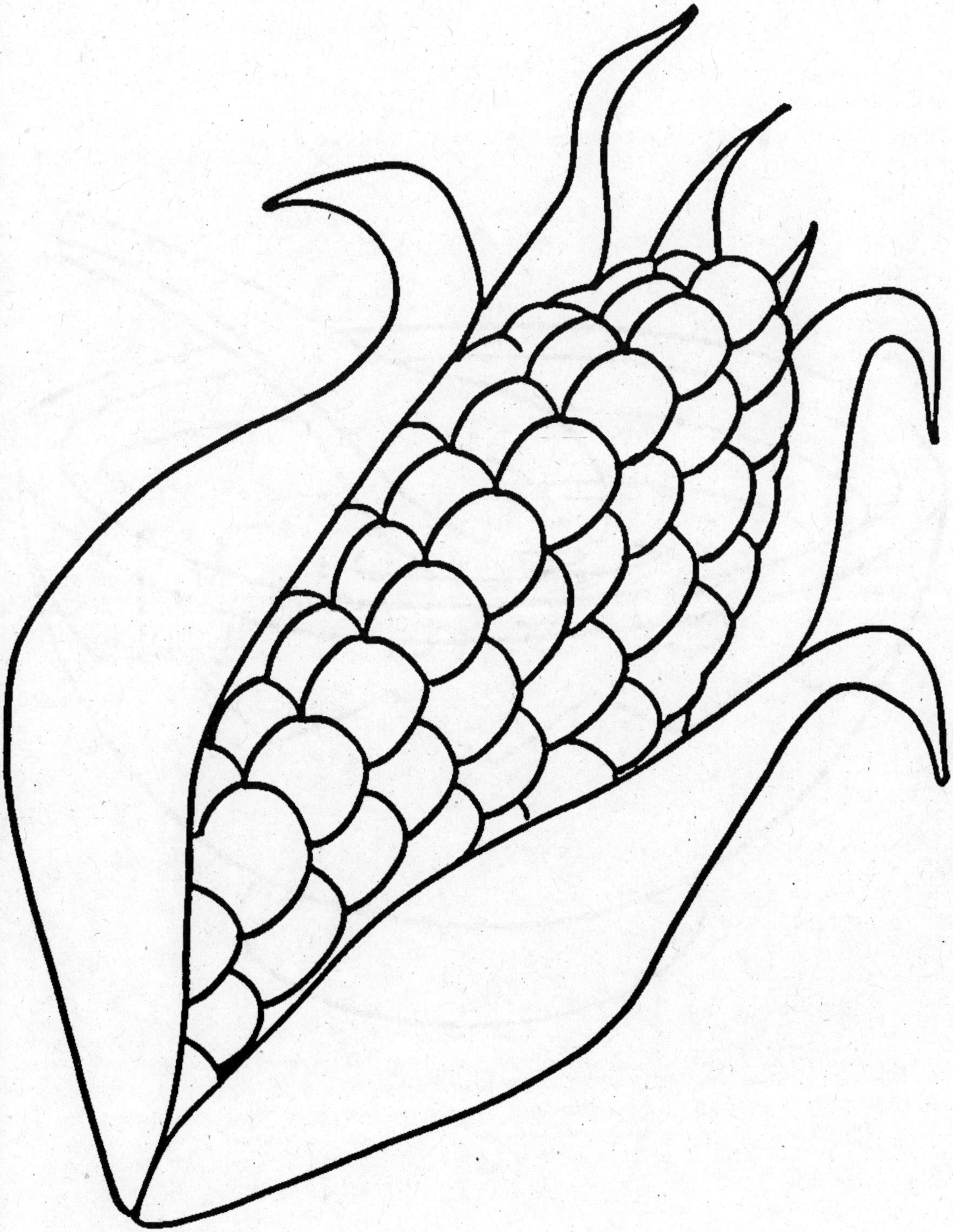

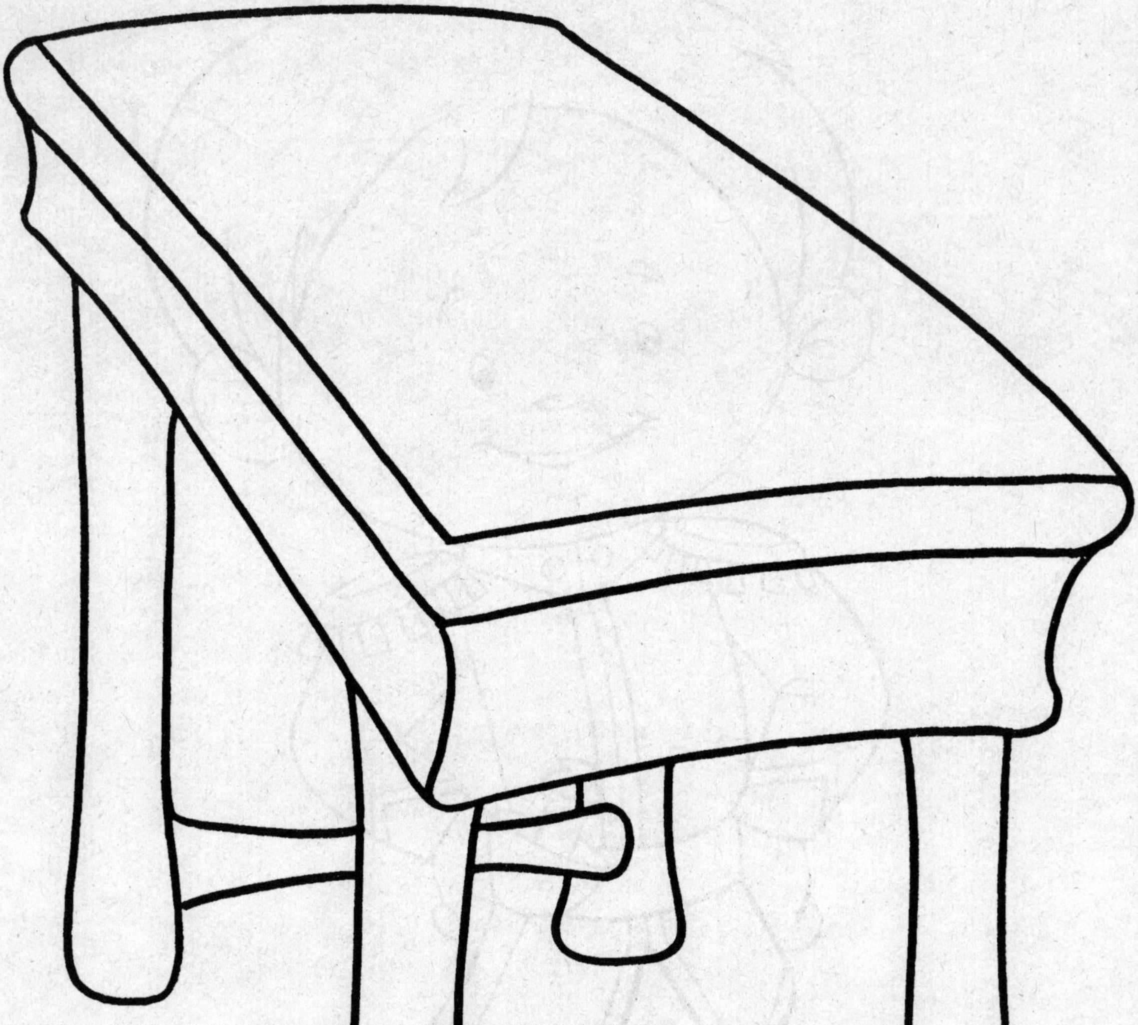

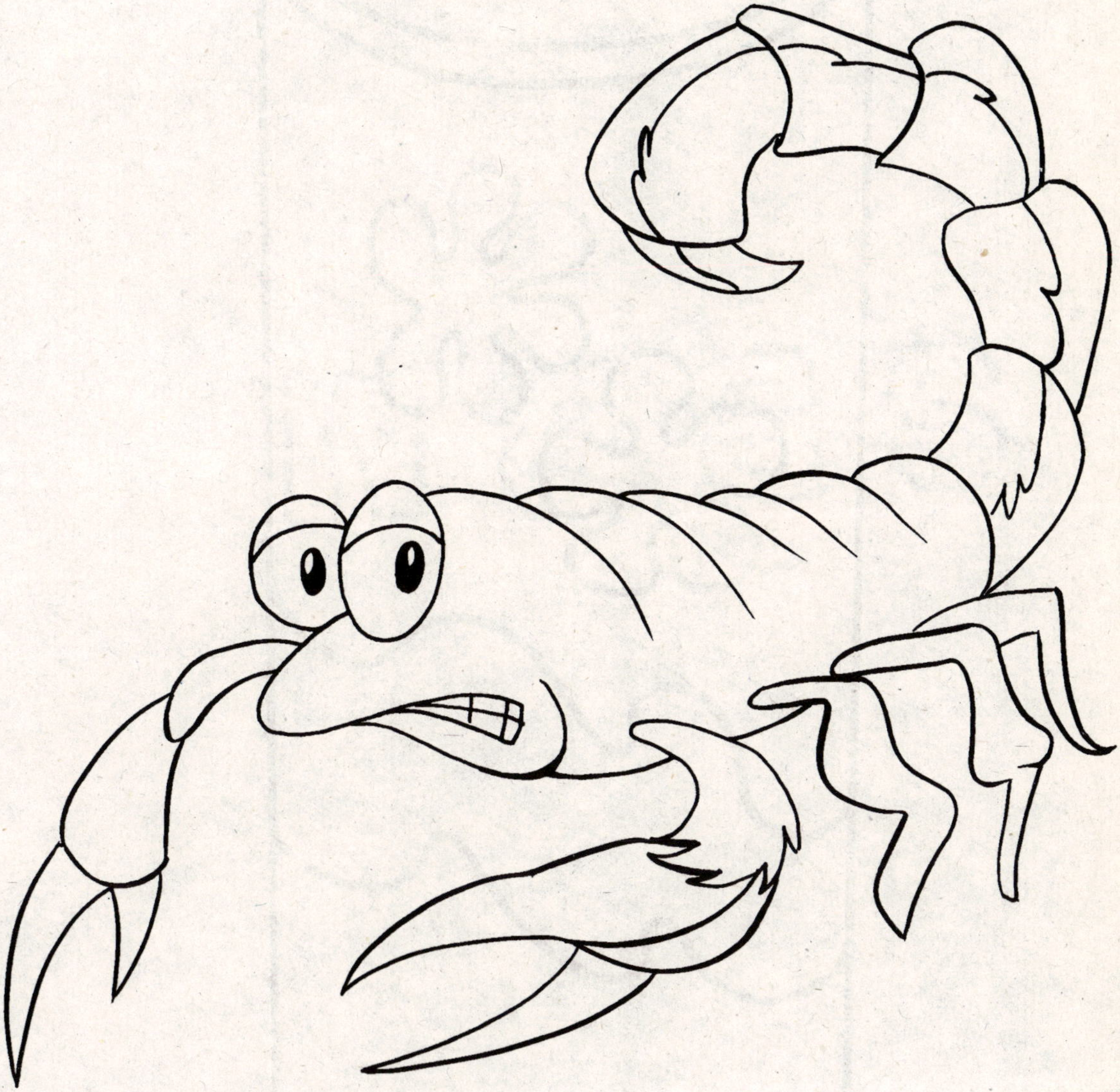

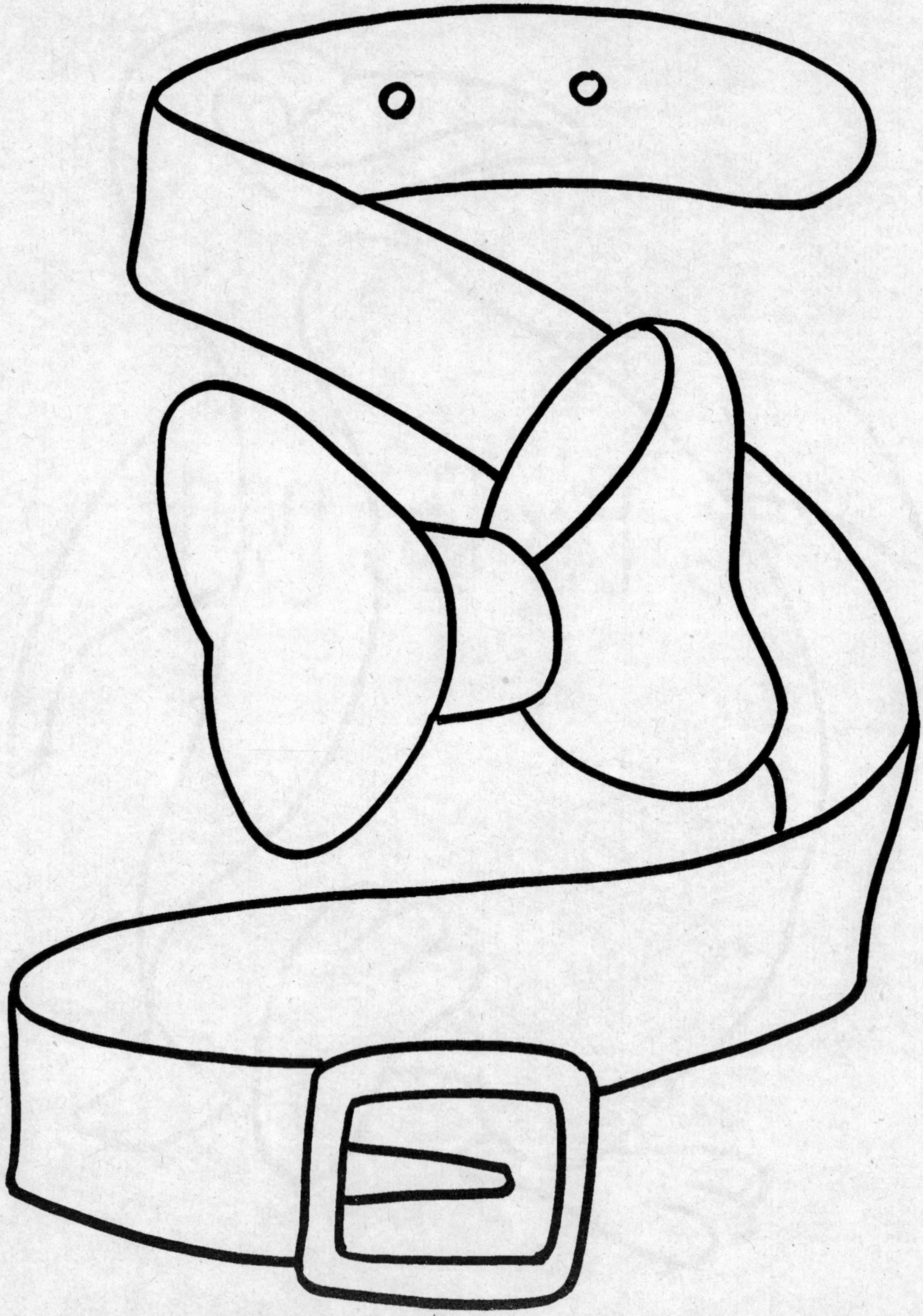

Finish

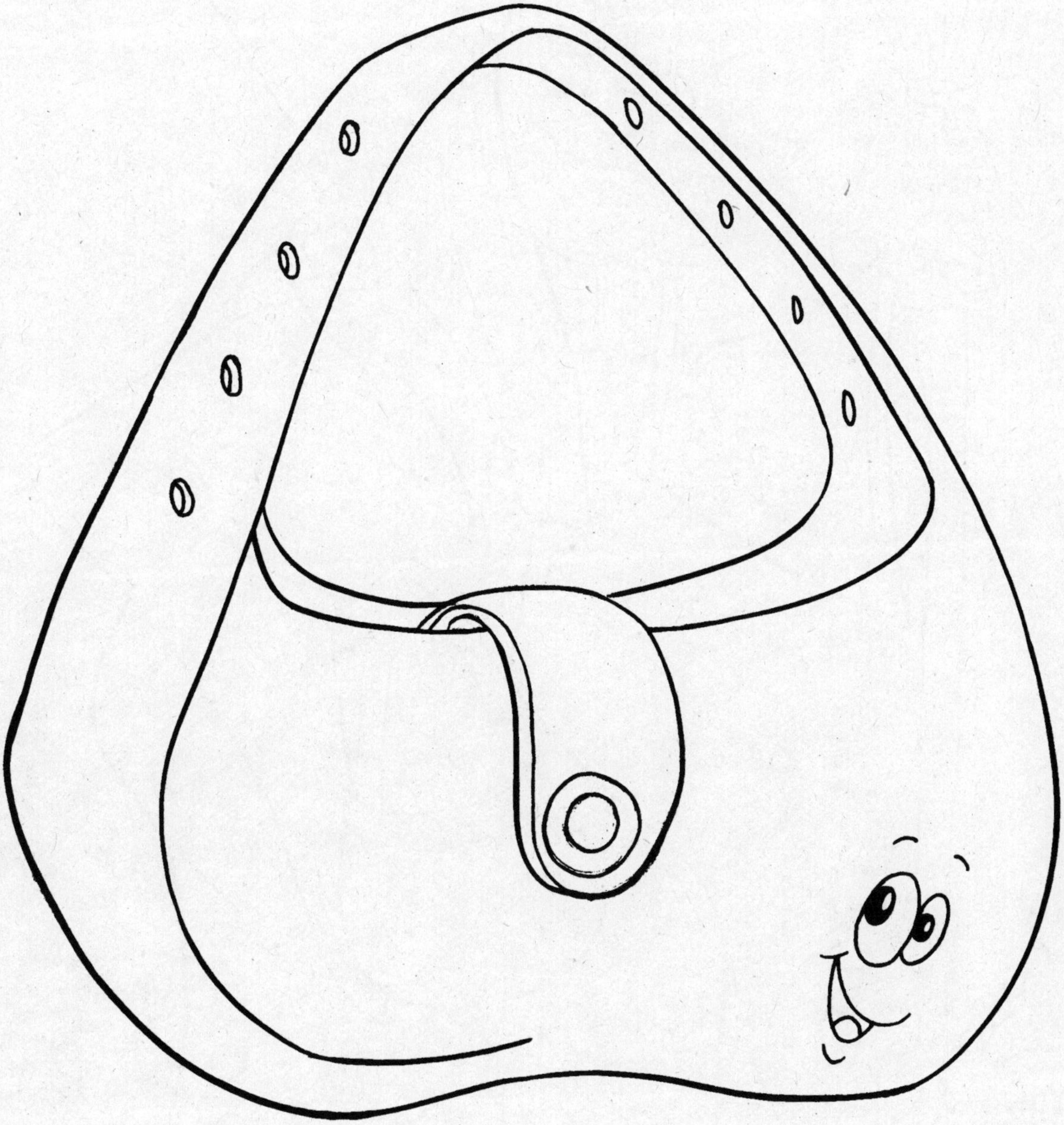

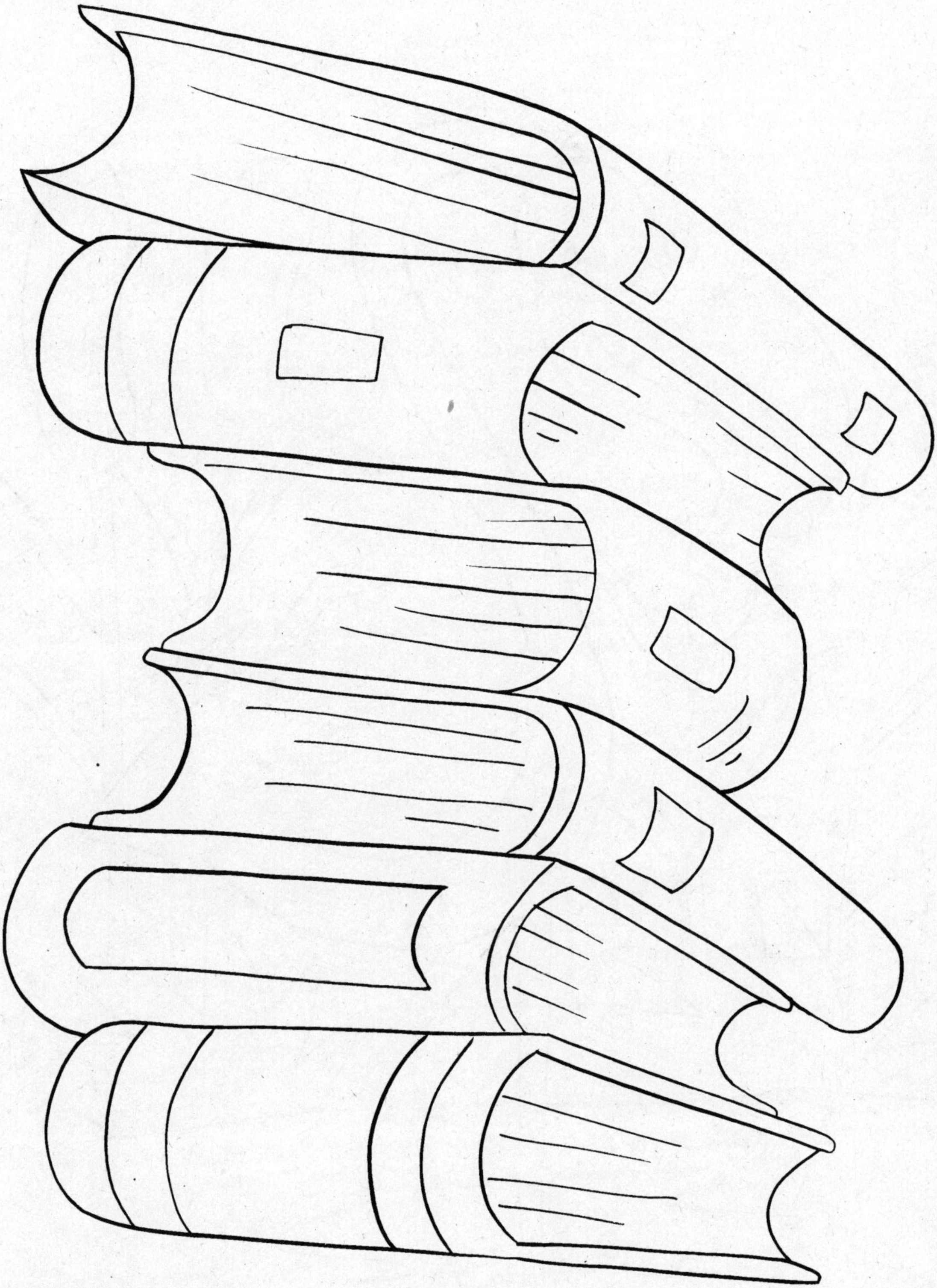

S
A
M
B
E
C

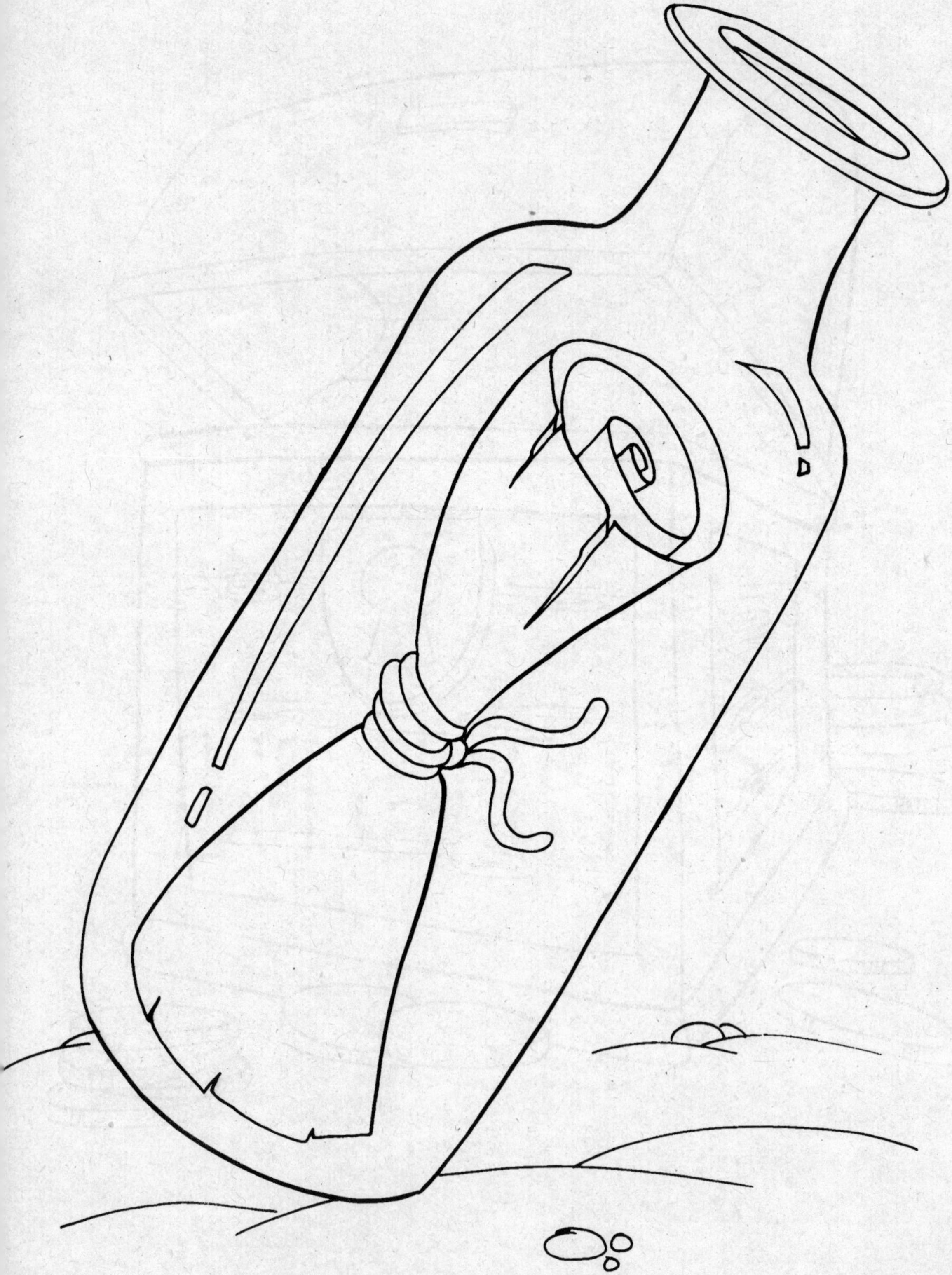

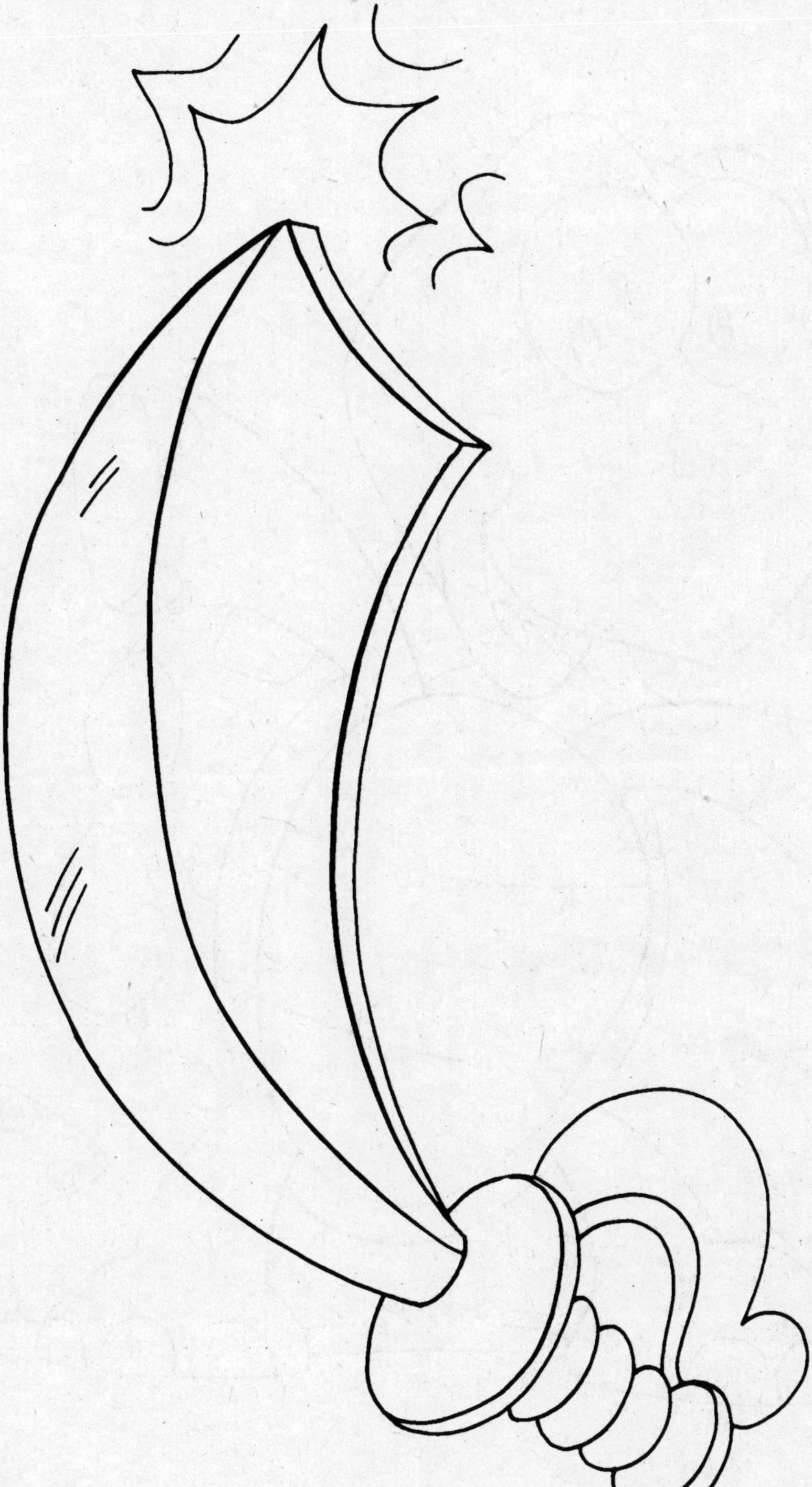

HORSE

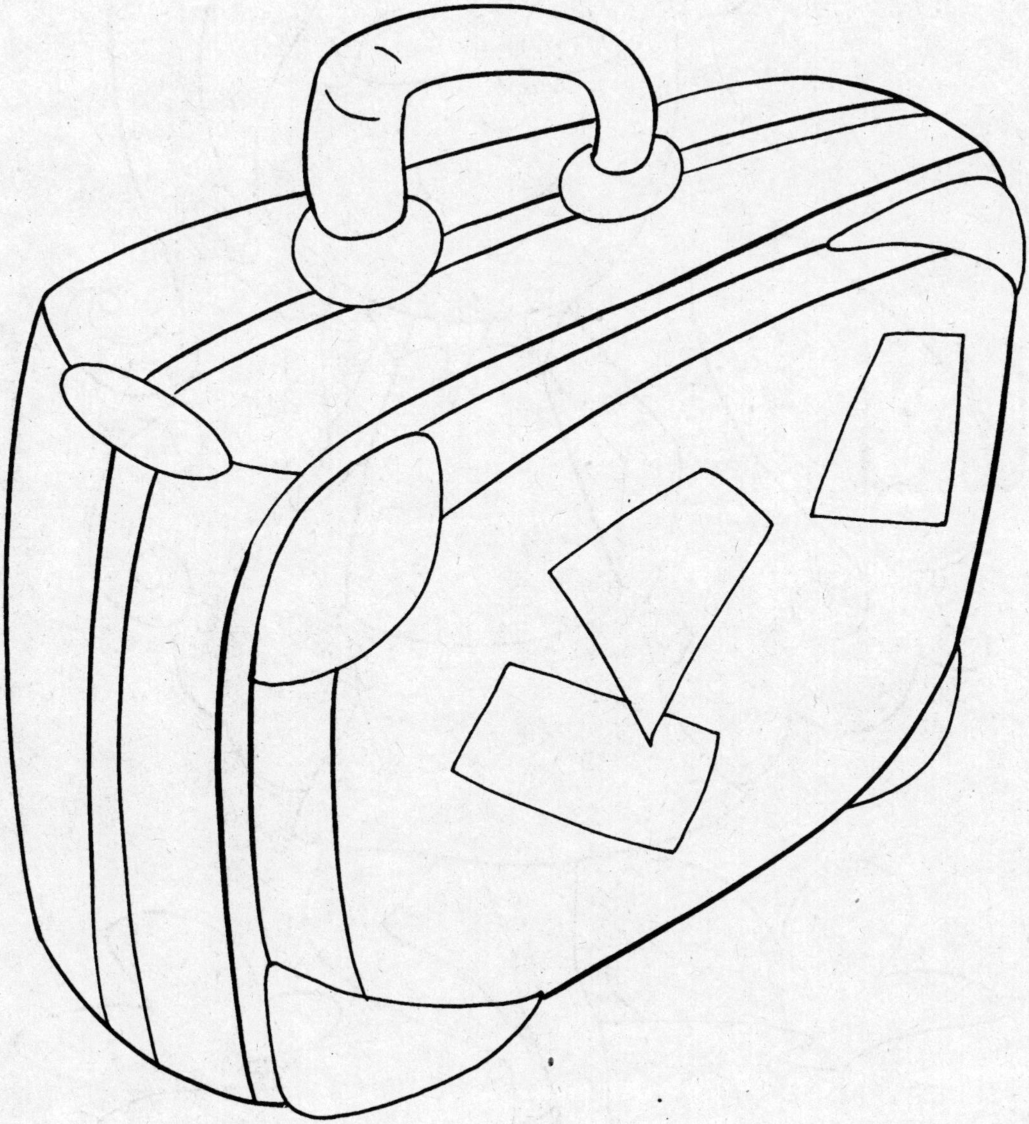

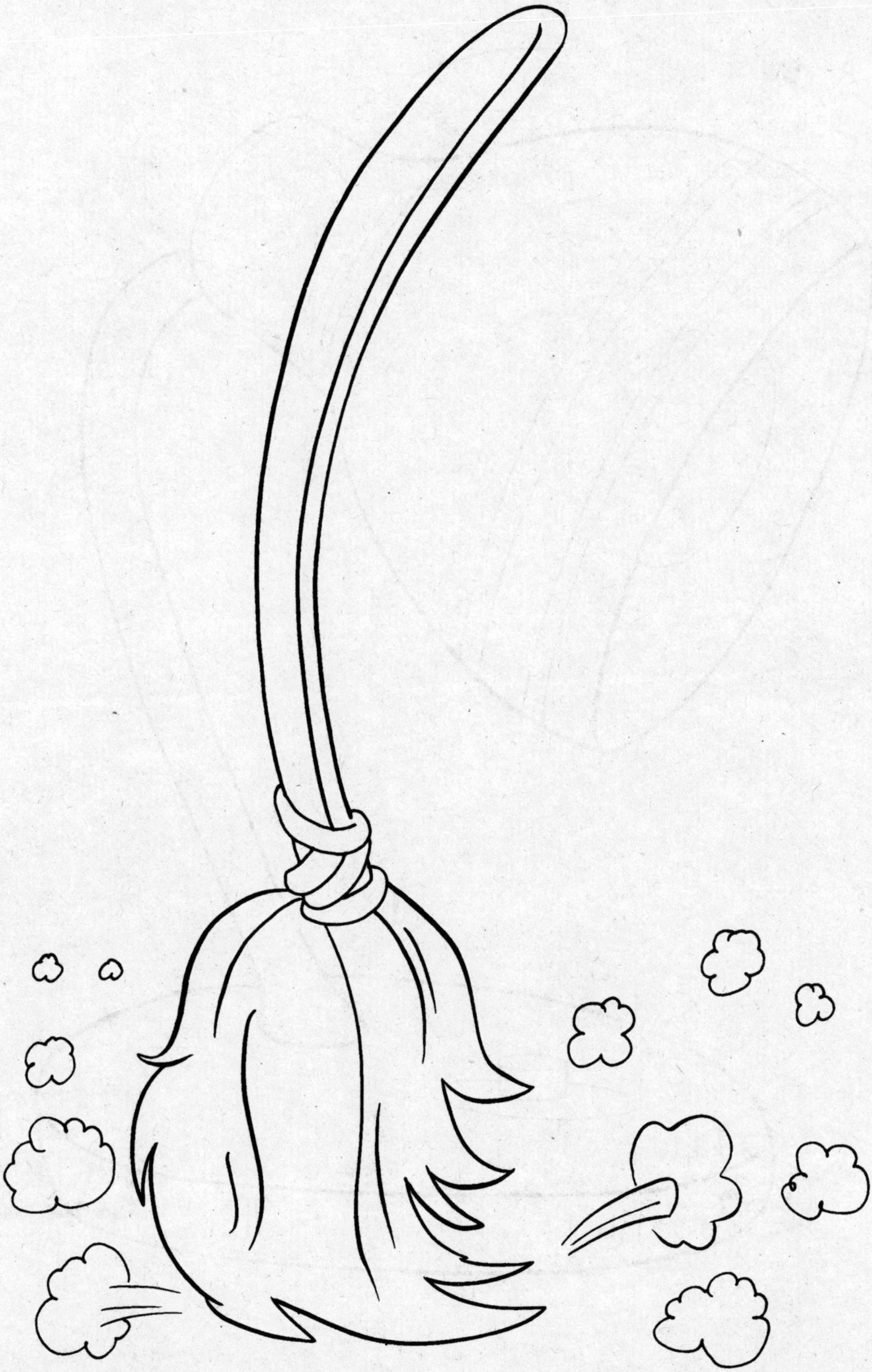

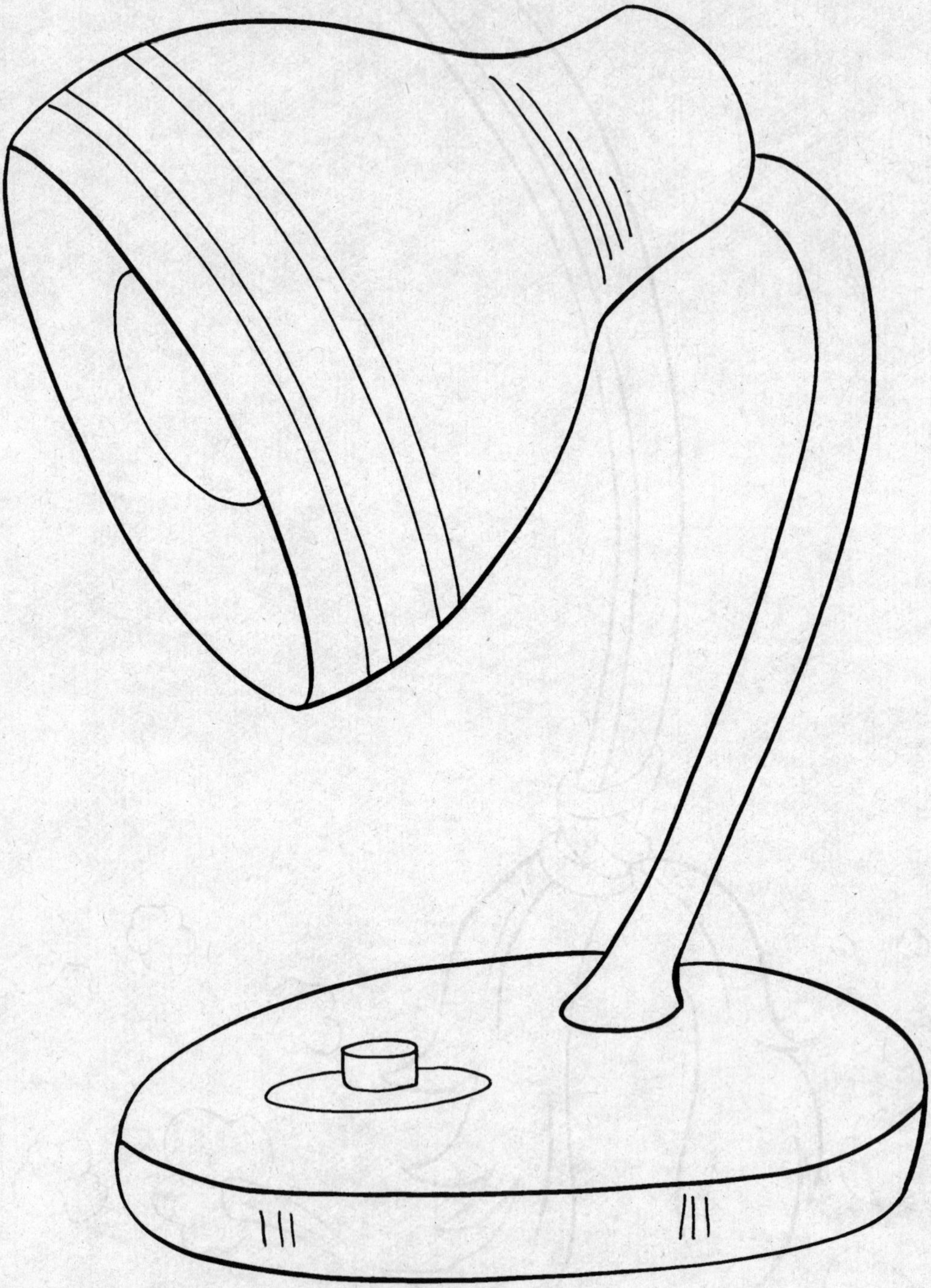

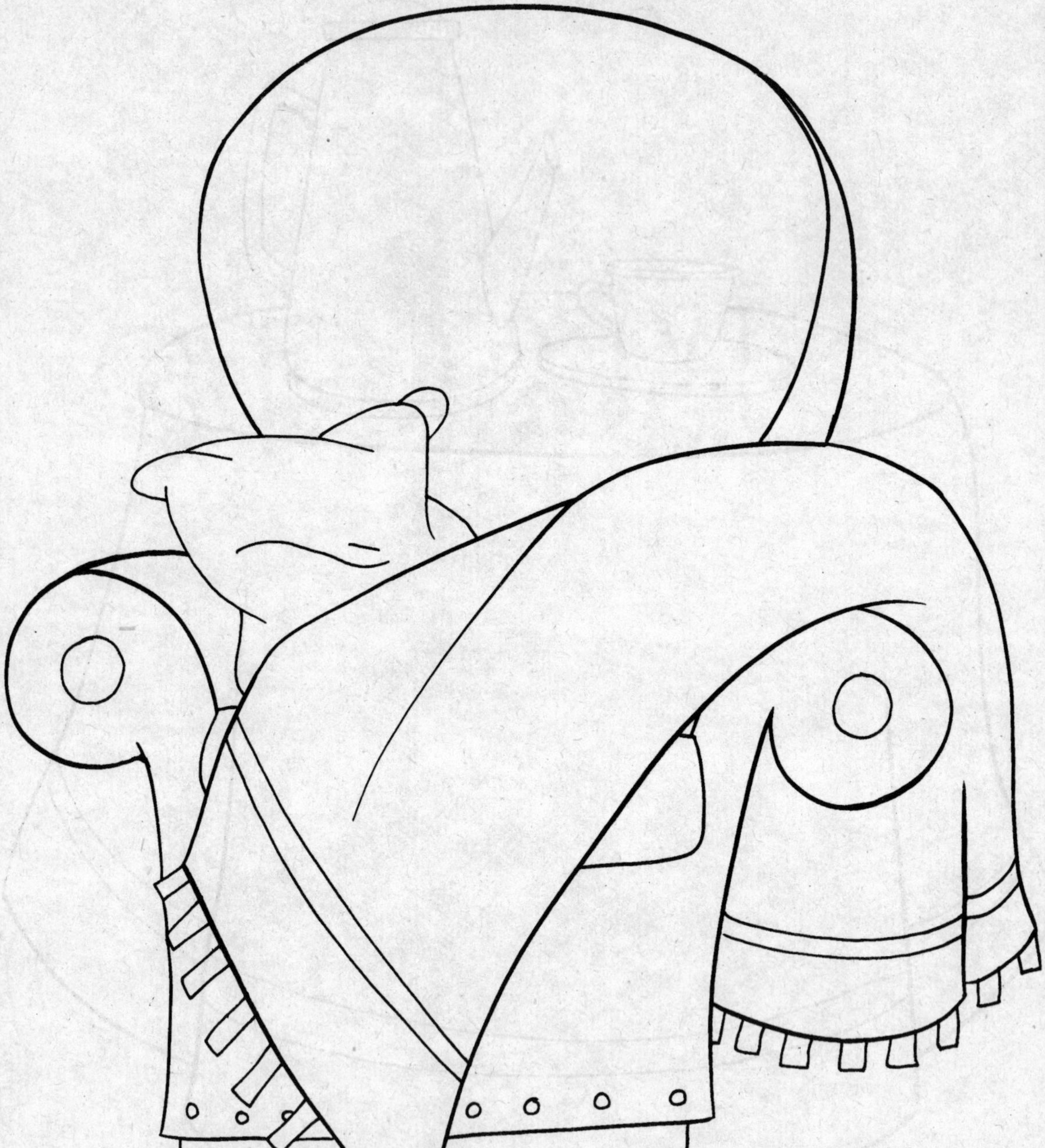

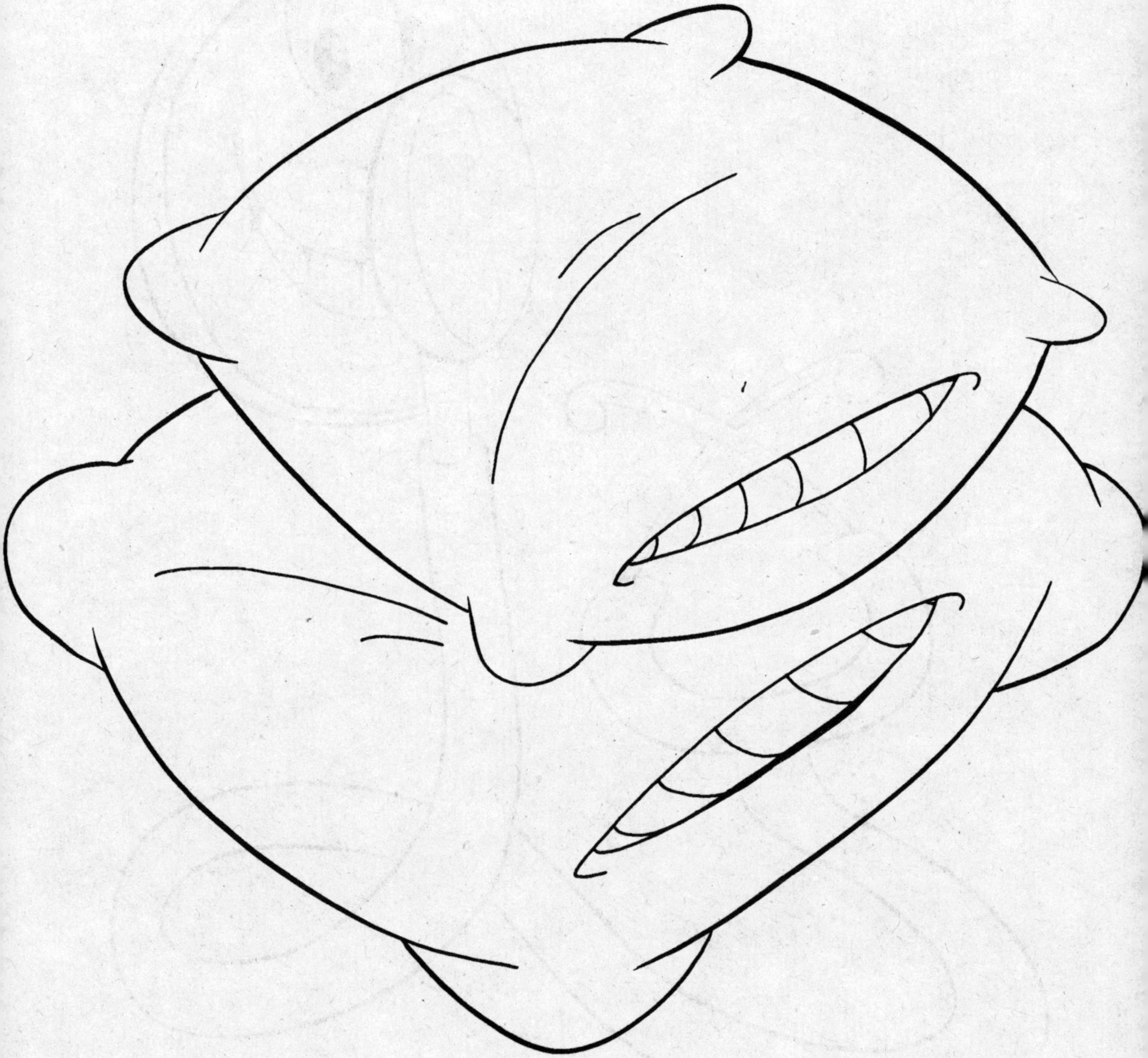

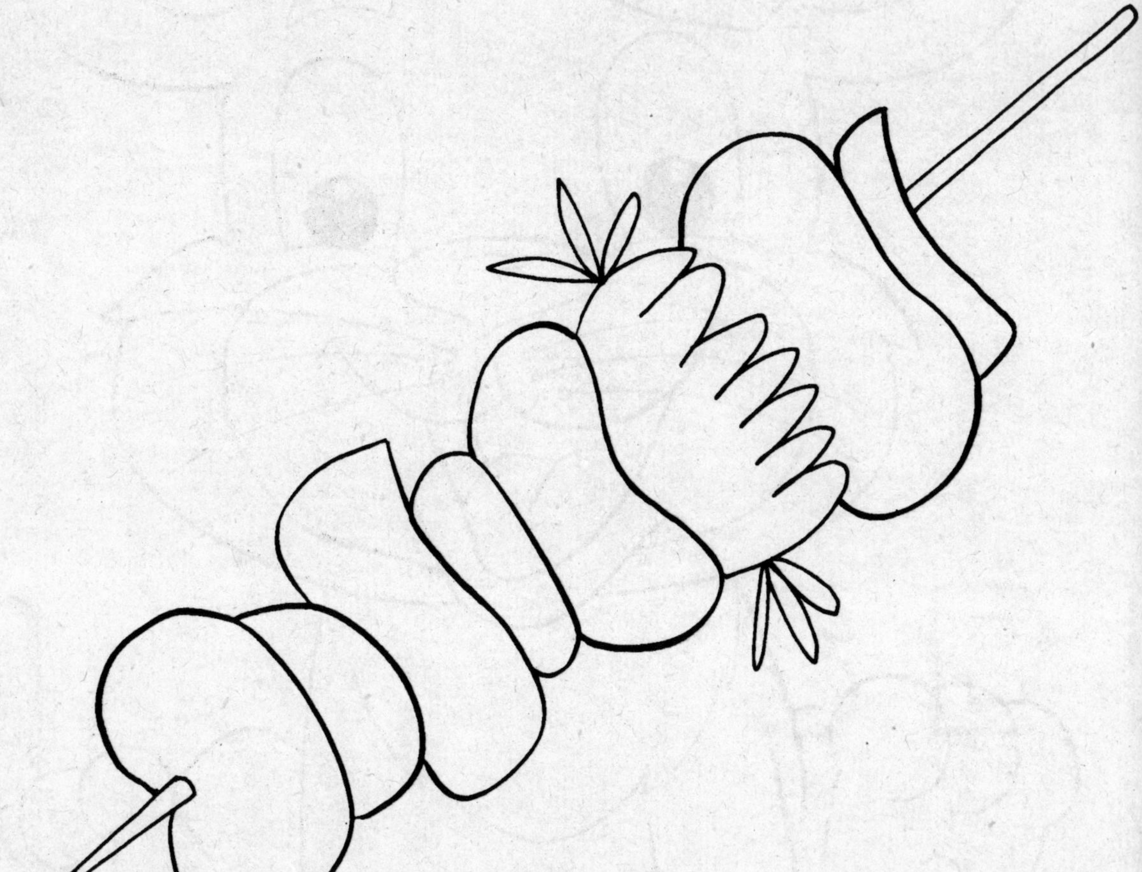

JAM

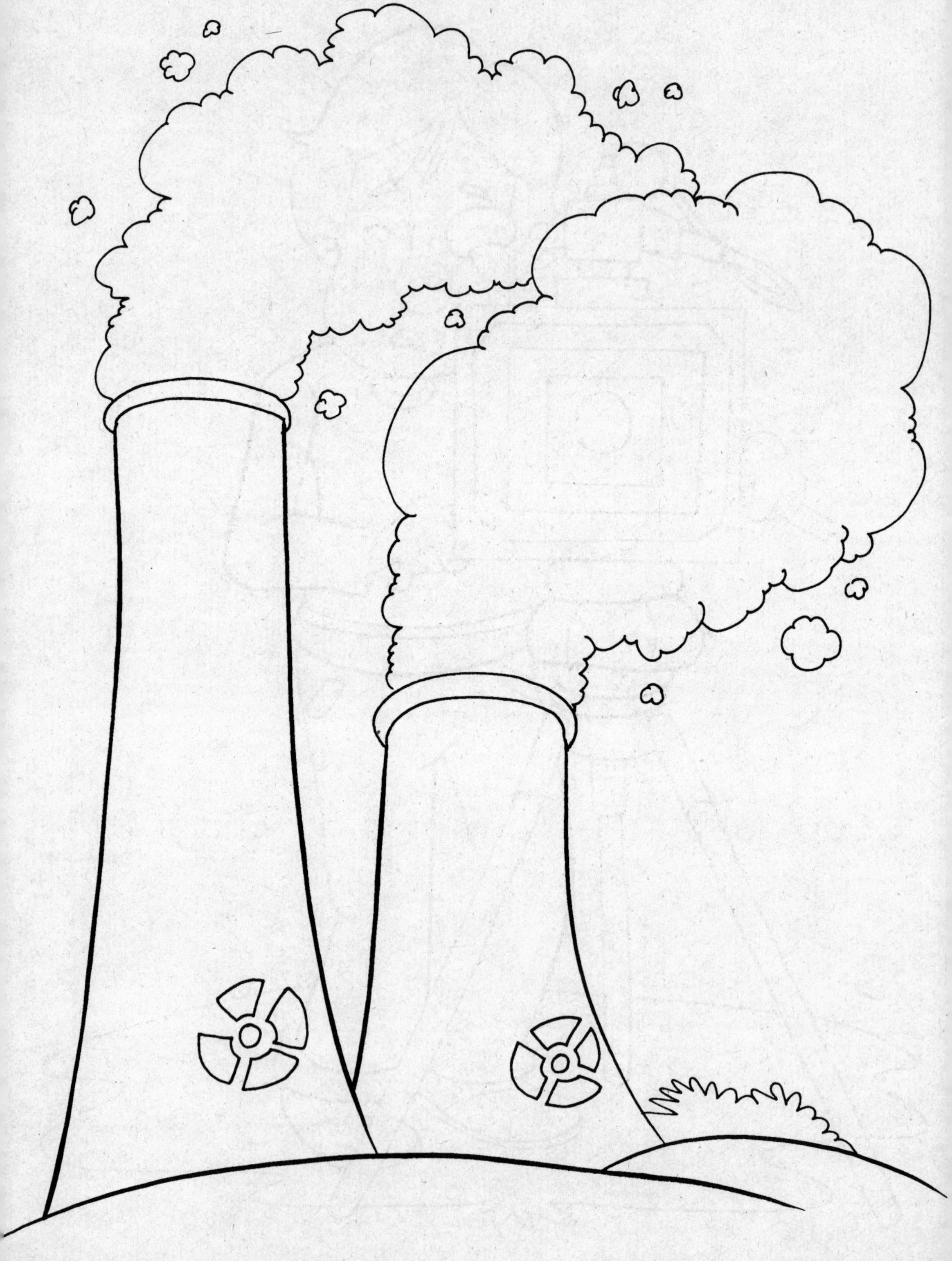

HOT

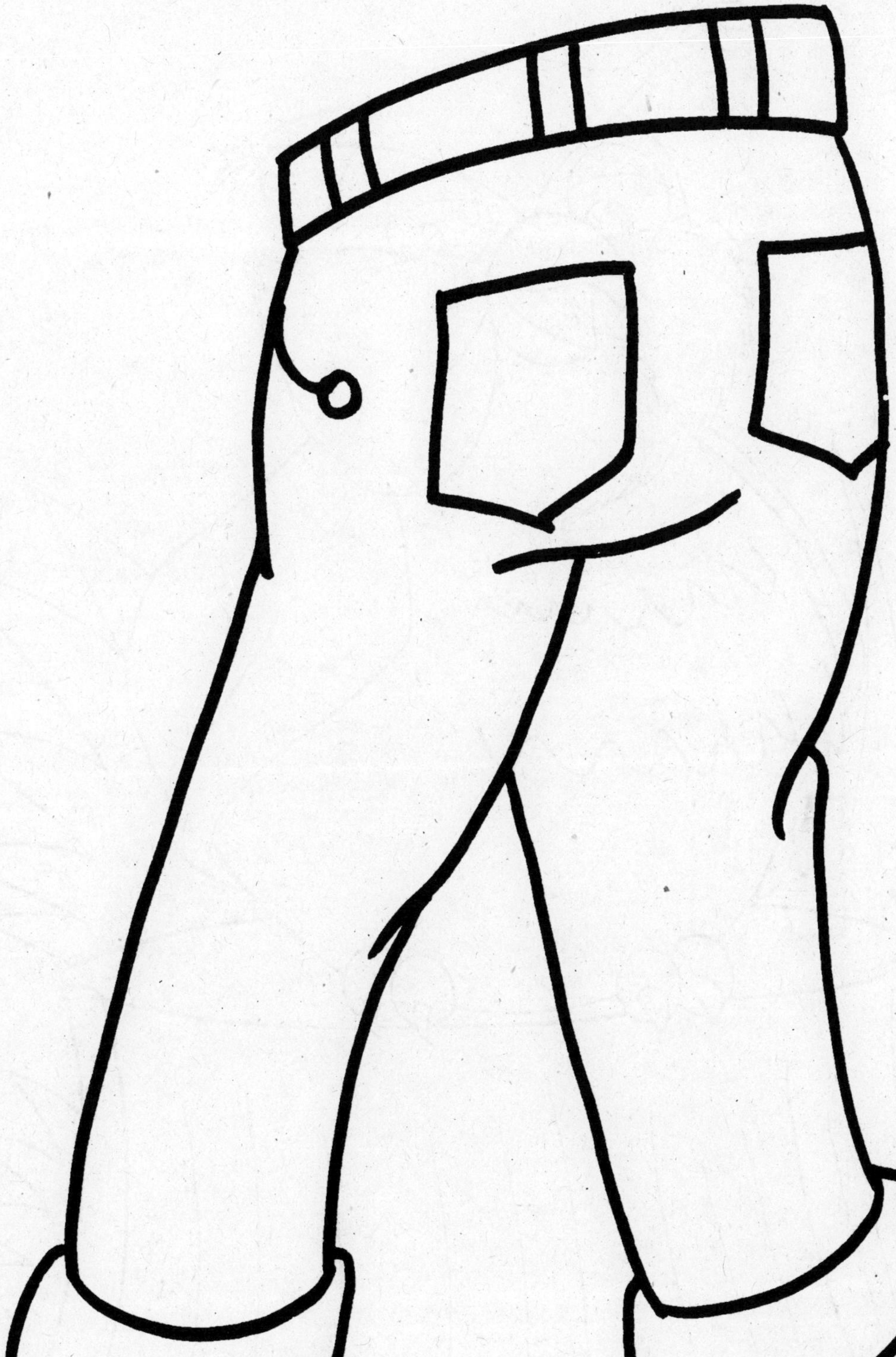

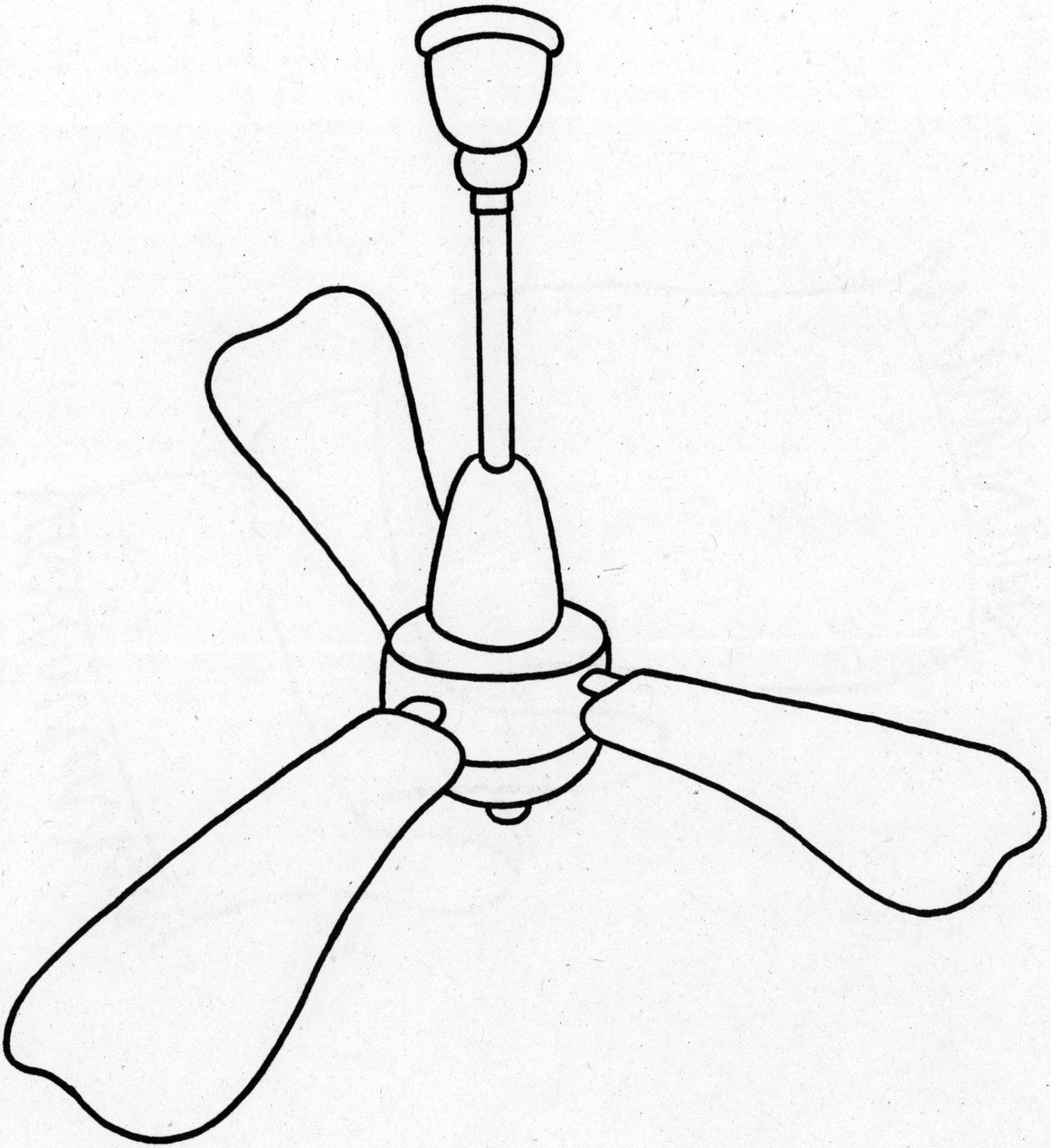

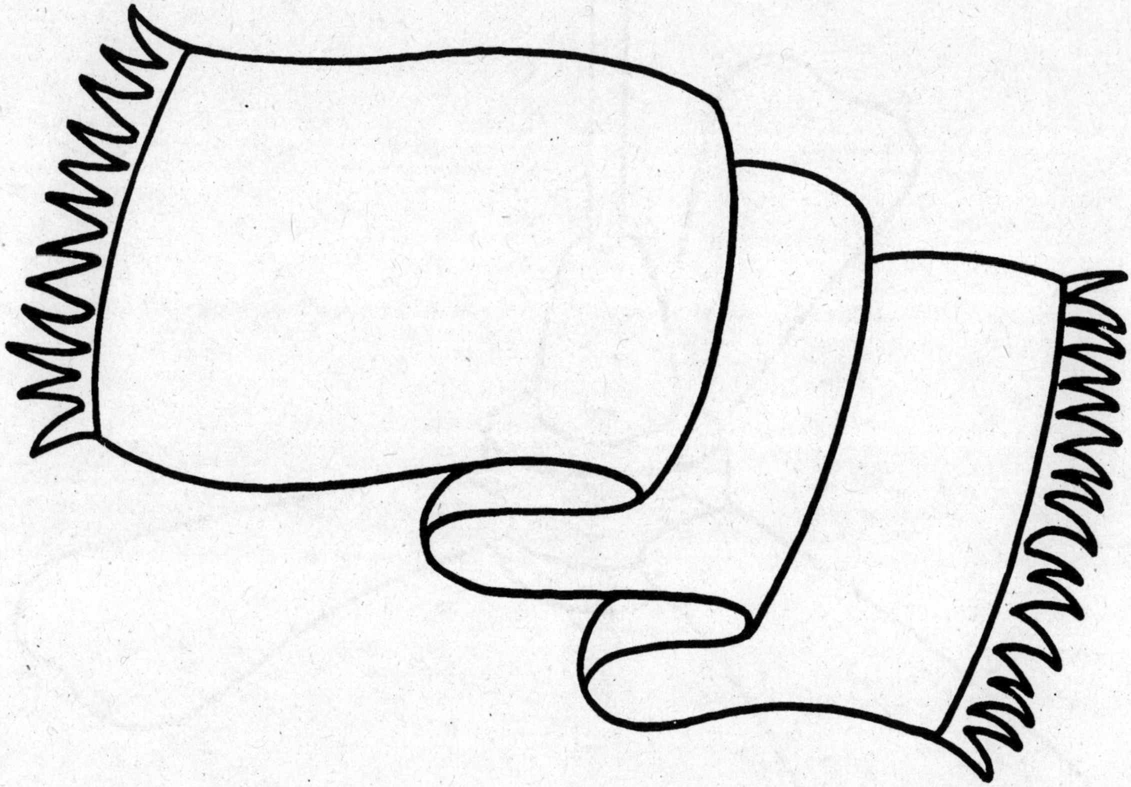

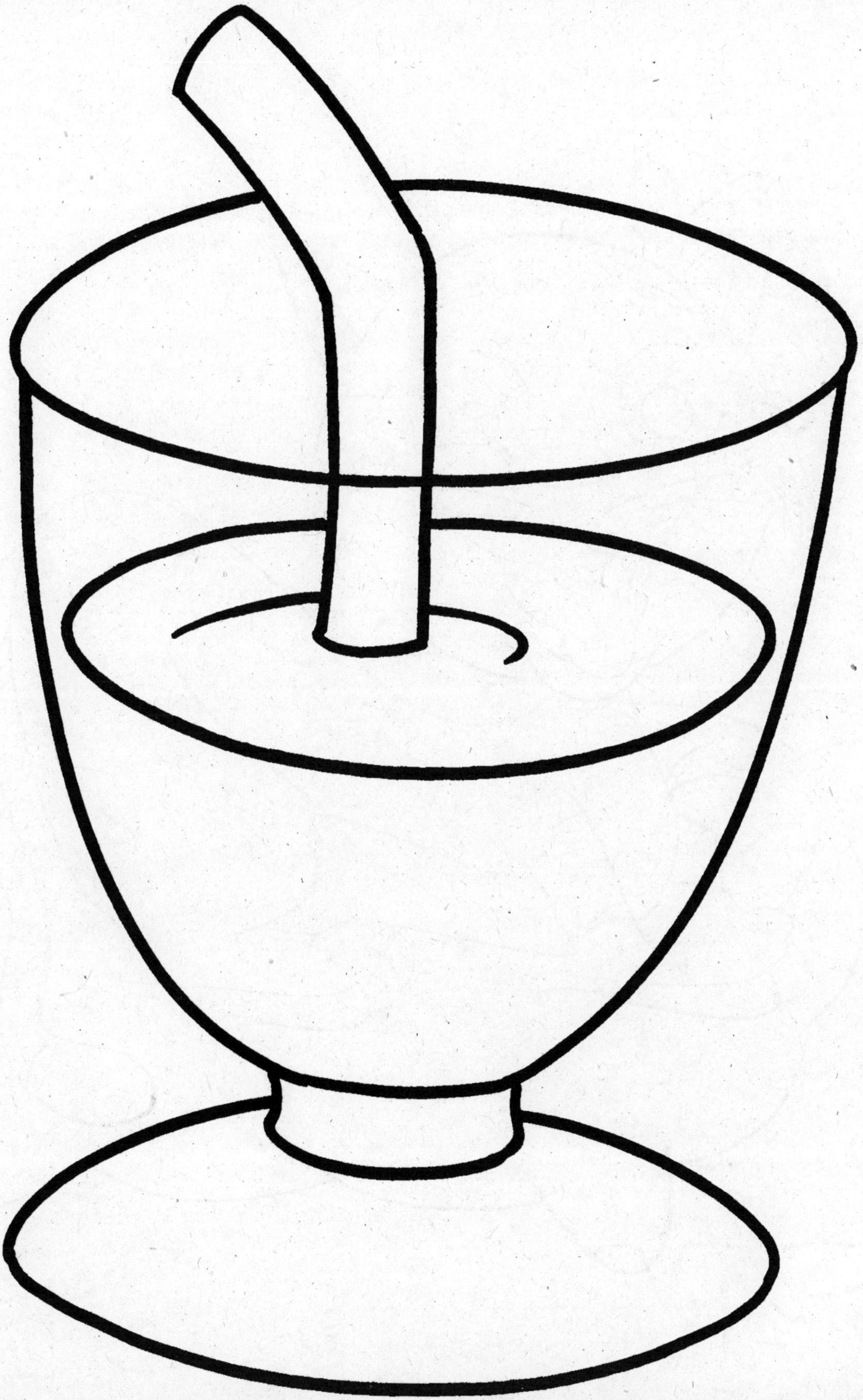

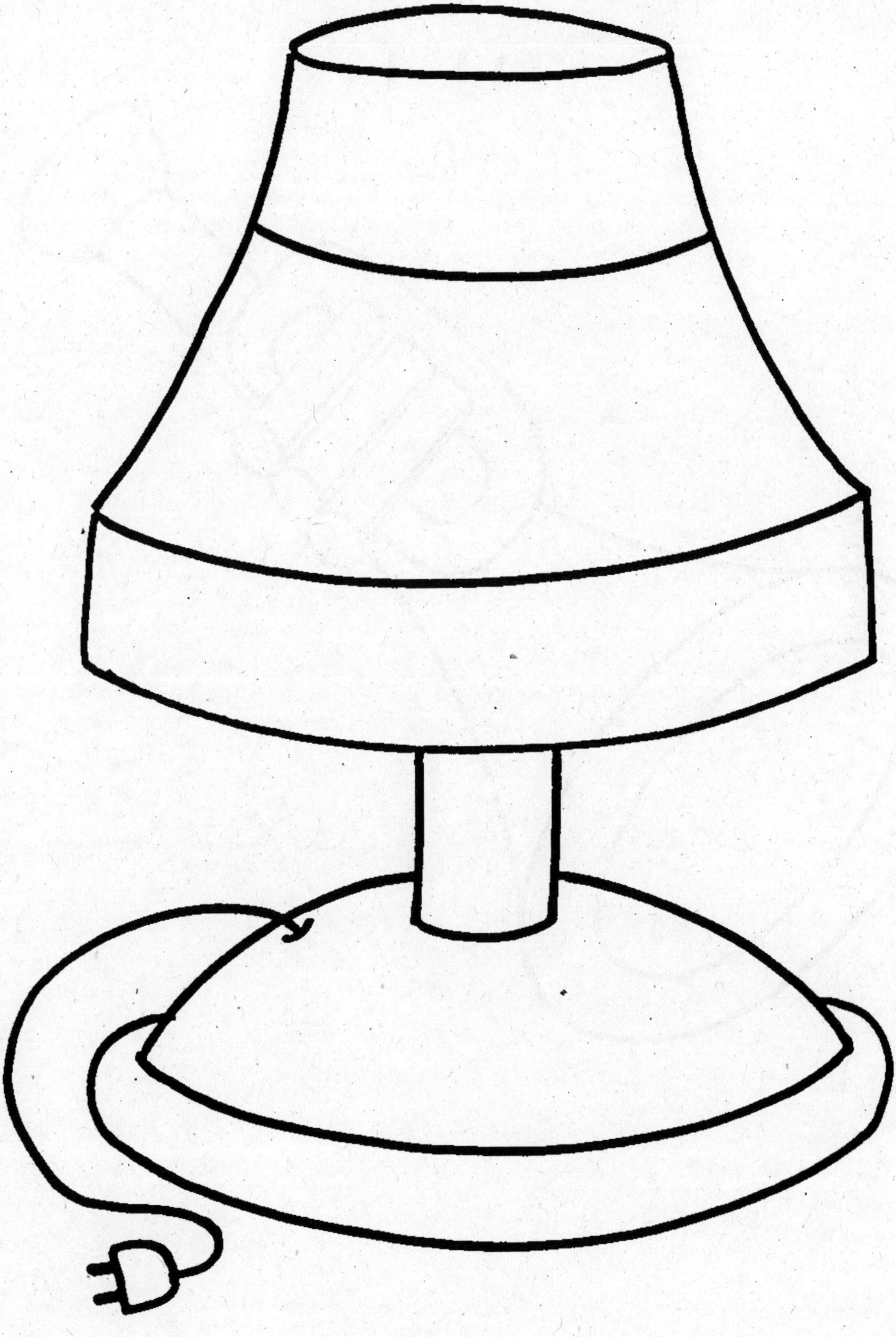

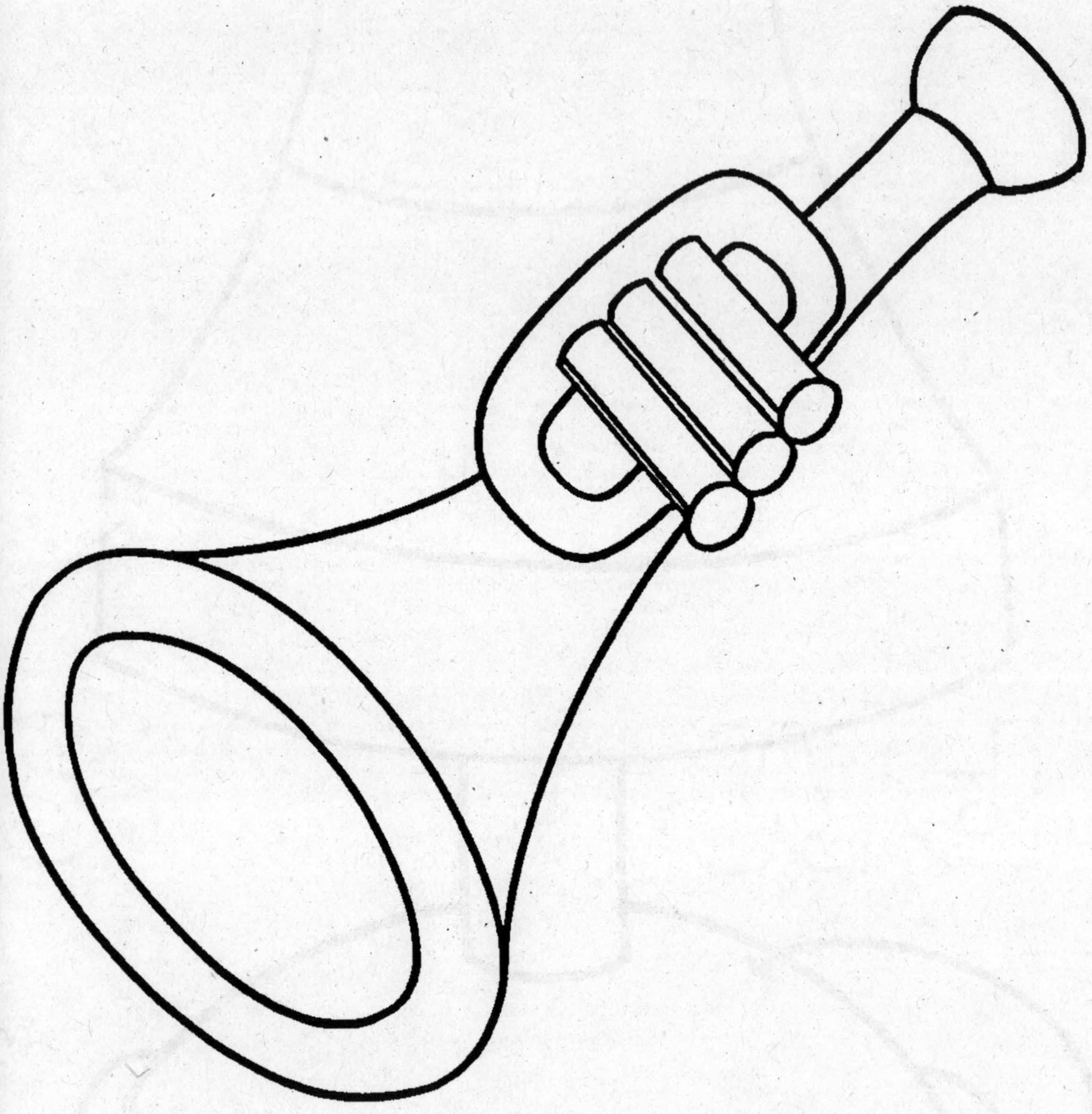